"十四五"时期国家重点出版物出版专项规划项目·重大出版工程规划

中国工程院重大咨询项目成果文库

秦巴山脉区域绿色循环发展战略研究丛书（第二辑）

秦巴山脉区域绿色循环发展战略研究
（智慧城乡发展卷）

吴良镛 等 著

科 学 出 版 社

北 京

内 容 简 介

本书在绿色城乡空间建设战略的基础上，以绿色智慧城乡体系发展研究作为重点。全书提出四大战略：秦巴山脉地区空间区划管控战略，深化秦巴山脉区域主体功能区的空间协同研究，落实生态保护、人口疏解、产业引导；秦巴山脉流域空间统筹战略，从流域视角梳理秦巴山区空间管理单元，提出具有可操作性和示范性的秦巴山区典型区域城乡空间模式；智慧城乡建设工程引导战略，通过研究选择适合秦巴山区的工程技术手段；移民生活质量提升战略，明确秦巴山脉移民区人居环境质量的现状及生活质量评价，探究其人居生活质量提升策略及改善路径。

本书主要面向的读者为秦巴山脉及广大山区的城乡规划建设者及相关科研工作者。本书可为广大读者在政府决策、学术研究、企业发展等方面提供有价值的参考和借鉴。

图书在版编目(CIP)数据

秦巴山脉区域绿色循环发展战略研究. 第二辑. 智慧城乡发展卷/吴良镛等著. —北京：科学出版社，2024.3

"十四五"时期国家重点出版物出版专项规划项目·重大出版工程规划
中国工程院重大咨询项目成果文库

ISBN 978-7-03-076692-2

Ⅰ.①秦… Ⅱ.①吴… Ⅲ.①绿色经济 – 区域经济发展 – 发展战略 – 研究 – 中国②城乡建设 – 发展战略 – 研究 – 中国　Ⅳ.①F127

中国国家版本馆 CIP 数据核字(2023)第 197792 号

责任编辑：徐　倩／责任校对：贾娜娜
责任印制：张　伟／封面设计：无极书装

科学出版社 出版
北京东黄城根北街 16 号
邮政编码：100717
http://www.sciencep.com

北京中科印刷有限公司印刷
科学出版社发行　各地新华书店经销
*

2024 年 3 月第　一　版　开本：720 × 1000　1/16
2024 年 3 月第一次印刷　印张：8
字数：180 000

定价：116.00 元
（如有印装质量问题，我社负责调换）

"秦巴山脉区域绿色循环发展战略研究丛书"编委会名单

"秦巴山脉区域绿色循环发展战略研究（智慧城乡发展卷）"课题组成员名单

课题负责人

吴良镛　清华大学　教授　（院士）

执行负责人

吴左宾　西安建大城市规划设计研究院有限公司　院长、教授级高级工程师

顾问

周庆华　西安建筑科技大学　教授

吴唯佳　清华大学　教授

武廷海　清华大学　教授

参加研究成员（按专题分列分别排序）

秦巴山脉绿色城乡发展研判及目标战略

吴左宾　西安建大城市规划设计研究院有限公司　院长、教授级高级工程师

郭　乾　西安建大城市规划设计研究院有限公司　工程师

敬　博　西安建大城市规划设计研究院有限公司　高级工程师

祁　航　西安建大城市规划设计研究院有限公司　工程师

王婧磊　西安建筑科技大学　博士研究生

秦巴山脉地区空间区划管控战略研究

敬　博　西安建大城市规划设计研究院有限公司　高级工程师

鱼晓惠　长安大学　教授

朱依平　西安建大城市规划设计研究院有限公司　工程师

雷　瑜　西安建大城市规划设计研究院有限公司　工程师

温伯清　南京大学　博士研究生

秦巴山脉流域空间统筹战略研究

王丁冉　西安建筑科技大学　讲师

吴　锋　西安建筑科技大学　副教授

智慧城乡建设工程引导战略研究

于军琪　西安建筑科技大学　教授

权　炜　西安建筑科技大学　副教授

周　梦　西安建筑科技大学　博士研究生

冯春勇　西安建筑科技大学　博士研究生

移民生活质量提升战略研究

郭　乾　西安建大城市规划设计研究院有限公司　工程师

徐　滢　美国密西根大学社会研究所　博士后研究员

Marans　美国密西根大学社会研究所　教授

Noah　美国密西根大学社会研究所　博士，助理研究科学家

丛 书 序

　　秦巴山脉地处我国陆地版图中心，是国家重点生物多样性生态功能区，被誉为中国的中央水库、生态绿肺和生物基因库，是中华民族的重要发祥地和中华文明的摇篮。秦巴山脉及周边城市地区在国家层面具有生态屏障、文化象征、经济平衡、总体安全等多方面的战略价值，是承东启西、连接南北的重要区域。认识秦巴、保护秦巴、振兴秦巴，坚持"绿水青山就是金山银山"，协同做好绿色发展这篇大文章，对于确保国家生态安全，推进高质量创新发展，以中国式现代化实现中华民族伟大复兴，具有重大意义。

　　2015年，中国工程院启动了"秦巴山脉区域绿色循环发展战略研究"重大研究与咨询项目，项目成果得到了良好的社会反响，促成了"秦巴论坛"等区域协同平台的设立，出版了"秦巴山脉区域绿色循环发展战略研究"系列丛书。为进一步深化对秦巴山脉区域的生态保护与绿色转型研究，2017年中国工程院启动了"秦巴山脉区域绿色循环发展战略研究（二期）"重大研究与咨询项目，项目前期由徐德龙院士任组长，后期由我接替组长。项目围绕秦巴山脉生态保护和价值转化、国家公园与自然保护地体系构建、山区快速交通体系、绿色农业发展、绿色林业发展、水资源保护与水经济可持续发展、传统产业转型、新兴产业培育、智慧人居体系建构、区域协同发展等方面提出了战略路径和对策建议。项目提交院士建议2份，形成研究报告12份，在《光明日报》等报纸和《中国工程科技》等学术期刊发表了项目核心理念文章及各课题相关学术研究成果。2019年10月，项目支撑中国工程院成功举办了"第302场中国工程科技论坛——第二届秦巴论坛"。

　　本丛书是"秦巴山脉区域绿色循环发展战略研究（二期）"重大研究与咨询项目成果的整体凝练，是众多院士和多部门多学科专家教授、企业工程技术人员及政府管理者辛勤劳动和共同努力的结果，在此向他们表示衷心的感谢，特别感谢项目顾问组的指导。

　　希望本丛书的出版，能够为实现秦巴山脉区域生态保护与高质量发展目标提供借鉴，能够为生态保护相关领域的学者提供参考，能够为新阶段、新征程从事生态环境管理工作的相关人员提供支撑。

刘旭

前　言

秦巴山脉生态价值巨大，是我国中央水库、生态绿肺和具有世界价值的生物基因库；秦巴山脉文化底蕴深厚，是中华文化摇篮和华夏文明殿堂；秦巴山脉地理位置十分特殊，是我国唯一地处陆地版图中央且规模巨大的生态功能区，与青藏高原等生态敏感区共同构筑了国家生态安全格局。同时，秦巴山脉地跨陕西、湖北、重庆等五省一市，周边分布有关中、成渝、长江中游等多个城镇群和人口密集区，是我国中西部发展的关键地区，也是"一带一路"合作伙伴的衔接平台。秦巴山脉内部分布有六千余万人，曾是我国面积最大、人口最多的集中连片特困区，生态高地与经济洼地的矛盾突出，扶贫成果的稳固工作依然十分重要。

生态保护与城乡发展布局冲突、区域经济与周边发展反差明显、绿色发展与城乡空间建设脱节等现实问题突出。在"一带一路"建设和脱贫攻坚（课题于2015年启动）背景下，强化秦巴山脉生态保护，推进绿色循环发展，构建绿色城乡人居环境，对于全面建成小康社会、实现秦巴山脉区域高质量发展具有重大意义。基于此，中国工程院2015年启动了重大咨询项目"秦巴山脉区域绿色循环发展战略研究"，形成了多项重要对策建议等一系列成果，在此基础上，中国工程院于2017年启动了本项目二期课题。

本书是在二期课题"秦巴山脉地区绿色智慧城乡体系发展战略研究"基础上形成的，以绿色智慧城乡体系发展战略研究作为重点内容，从主体功能区划、流域空间发展、智慧技术支撑、移民安置区生活质量等角度进行深入研究。空间区划管控战略，从人地关系的角度对秦巴山脉地区空间格局演化进行科学分析，深化秦巴山脉地区主体功能的空间协同管控研究，提出分区管控与发展对策，落实生态保护、人口疏解、产业引导等具体策略。流域空间统筹战略，从流域视角重新梳理秦巴山脉地区的空间管理单元，深化绿色人居战略，构建流域的等级体系框架，进而分别选取中级流域与小流域的典型单元，进行绿色的镇村人居环境优化研究，最终形成具有可操作性和示范性的秦巴山脉典型区域城乡空间建设模式。智慧城乡建设工程引导战略，通过研究选择适合秦巴山脉地区的工程技术手段，为秦巴山脉地区城乡绿色人居环境提供支撑，通过建设智慧城市与智慧乡村支撑设施体系，最终形成联动发展的智慧城乡建设工程引导体系。移民生活质量提升战略，通过深入的社会调查数据分析，对秦巴山脉移民区人居环境质量的现状及生活质量进行评价，探究其人居生活质量提升策略及改善路径。

目　录

第一章

秦巴山脉绿色智慧城乡发展概况

第一节 秦巴山脉地区环境特征分析

秦巴山脉是秦岭与大巴山的合称，地貌类型多样，生态价值巨大，资源极为丰富，是我国重要的水源涵养地、生态功能区。区域内自然环境差异较大，地形起伏变化明显，人地系统复杂，人口分布、社会经济要素也呈现不同格局，具有极其典型的山地城乡空间特征。

一、自然生态环境

（一）自然地形

秦巴山脉包括秦岭和大巴山两大山脉若干支脉山系，地形以山地为主，呈西高东低之势。秦岭山脉高程大多在 1500m 以上，西部高程一般在 1500～3000m；大巴山山脉高程在 1000～2500m，汉江河谷盆地高程在 400～600m，南部和东部部分丘陵平原区高程低于 400m。

秦巴山脉地区总体坡度较大，坡度大于 25°的区域主要位于山地高程较高的区域，面积达到 84 497 km^2，占到研究范围总面积的 27.38%。其中坡度较低的区域为处于秦岭与关中平原、豫东平原交界处，四川盆地北侧与大巴山山脉交界处的丘陵地带，嘉陵江、汉江、丹江流域沿线形成的河漫滩平原及盆地区域。

（二）水系分布

秦巴山脉地区跨越长江、黄河、淮河三大流域，是渭河、汉江、嘉陵江、丹江、洛河等 80 余条河流的发源地，是我国南水北调工程的水源地，是亚洲最大的人工淡水湖——丹江口水库所在地。其中，汉江、嘉陵江流域面积占到长江总流域面积的近一半（47%），径流总量占到长江流域的 15%。

（三）地质灾害

秦巴山脉地区整体地质灾害比较严重，地质灾害影响程度较高的地区主要位于甘肃山区、嘉陵江流域、神农架林区以及伏牛山周边区县，总数为 27 个，面积占比为 20.48%。影响程度最低和较低的地区主要位于秦岭北麓的周至县、鄠邑区、长安区，汉中平原的城固县、洋县、西乡县、南郑区，徽成盆地的徽县，秦岭东麓的卢氏县、宜阳县、汝阳县、内乡县、南召县、叶县，四川盆地北缘的江油市、仪陇县、营山县以及襄阳城区等。

二、社会经济发展

（一）区域人口概况

秦巴山脉地区分属五省一市所辖，共涉及 21 个设区市（自治州）、119 个区县以及神农架林区。2018 年，区域总人口 5881 万，区域内城镇人口 2317 万，主要分布在秦岭山区的东部、南部和中部。秦巴山脉地区人口状况如表 1-1～表 1-4 所示。

表 1-1　秦巴山脉地区设区市（自治州）人口状况统计

省市	城市	城镇人口/万人	总人口/万人	城镇化率
陕西省	商洛市	112.16	238.02	47.12%
	安康市	129.76	266.89	48.60%
	汉中市	135.58	380.68	35.62%
	西安市	567.26	845.09	67.12%
	宝鸡市	200.50	377.10	53.17%
	渭南市	258.39	532.77	48.50%
河南省	洛阳市	396.57	688.85	57.57%
	平顶山市	281.11	520.77	53.98%
	南阳市	462.93	1001.36	46.23%
	三门峡市	127.94	227.29	56.29%
湖北省	十堰市	190.43	340.60	55.91%
	襄阳市	344.68	566.90	60.80%
甘肃省	甘南藏族自治州	25.93	72.02	36.00%
	定西市	100.24	282.17	35.52%
	天水市	139.73	335.39	41.66%
	陇南市	89.57	263.43	34.00%
四川省	绵阳市	255.14	485.70	52.53%
	广元市	121.70	266.70	45.63%
	南充市	309.76	644.00	48.10%
	达州市	260.37	572.00	45.52%
	巴中市	139.03	332.20	41.85%
重庆市	重庆市	2031.59	3101.79	65.50%

表 1-2 秦巴山脉区级城市人口状况统计表

市	区	城镇人口/万人	总人口/万人	城镇化率
西安市	长安区	51.38	101.09	50.83%
	鄠邑区	23.60	58.75	40.17%
渭南市	华州区	13.91	33.83	41.12%
商洛市	商州区	20.69	56.04	36.92%
汉中市	汉台区	34.64	56.67	61.13%
	南郑区	18.54	56.31	32.90%
安康市	汉滨区	46.61	101.15	46.08%
南阳市	卧龙区	59.90	100.64	59.52%
三门峡市	陕州区	16.42	35.01	46.91%
十堰市	茅箭区	23.52	26.14	97.80%
	张湾区	32.40	39.40	82.23%
	郧阳区	24.91	63.19	43.87%
襄阳市	樊城区	62.40	80.74	77.29%
	襄州区	28.56	99.64	28.66%
	襄城区	28.56	46.12	61.93%
陇南市	武都区	24.45	60.28	40.56%
天水市	秦州区	19.47	69.79	27.90%
	麦积区	11.40	61.74	18.46%
达州市	通川区	49.13	70.46	69.73%
	达川区	45.62	103.32	44.15%
巴中市	巴州区	45.46	73.91	61.50%
	恩阳区	15.31	45.95	33.30%
广元市	利州区	40.50	55.60	72.04%
	昭化区	6.44	18.42	34.95%
	朝天区	6.86	18.95	36.19%
重庆市	开州区	63.40	168.53	37.62%

表 1-3 秦巴山脉县级城市人口状况统计表

市	县	城镇人口/万人	总人口/万人	城镇化率
西安市	周至县	16.41	69.17	33.95%
	蓝田县	15.63	65.50	23.86%
宝鸡市	太白县	2.14	4.84	44.23%
	眉县	12.41	32.62	38.05%
	凤县	5.70	9.48	60.10%
渭南市	潼关县	7.18	15.48	46.54%

市	县	城镇人口/万人	总人口/万人	城镇化率
商洛市	洛南县	20.13	45.74	44.00%
	丹凤县	17.55	31.40	55.89%
	柞水县	7.51	16.39	45.84%
	镇安县	9.85	30.50	32.30%
	山阳县	34.96	47.20	74.07%
	商南县	13.98	24.94	56.06%
汉中市	城固县	15.71	54.24	28.96%
	洋县	16.64	44.64	43.01%
	西乡县	18.69	41.54	45.00%
	勉县	20.93	41.45	50.49%
	宁强县	6.34	32.49	19.51%
	略阳县	6.04	18.35	32.92%
	镇巴县	7.91	28.21	39.50%
	留坝县	0.85	4.22	20.14%
	佛坪县	1.18	3.28	47.60%
安康市	汉阴县	13.42	31.21	43.00%
	石泉县	7.29	18.24	44.60%
	宁陕县	2.09	7.23	44.40%
	紫阳县	12.27	33.51	42.80%
	岚皋县	6.22	16.72	43.70%
	平利县	10.29	23.27	44.20%
	镇坪县	2.45	5.91	41.50%
	旬阳县	13.57	45.30	29.90%
	白河县	7.96	21.23	37.49%
洛阳市	嵩县	18.01	60.53	34.58%
	汝阳县	15.09	48.76	35.22%
	洛宁县	14.61	49.49	33.62%
	宜阳县	22.26	70.28	36.15%
	栾川县	16.86	34.54	48.04%
平顶山市	叶县	28.81	91.34	36.77%
	鲁山县	28.85	95.42	36.67%
南阳市	南召县	21.03	65.83	39.10%
	镇平县	34.11	104.30	40.00%
	方城县	32.93	110.17	37.50%
	内乡县	22.70	72.41	39.96%
	淅川县	27.25	72.31	41.65%

续表

市	县	城镇人口/万人	总人口/万人	城镇化率
南阳市	西峡县	20.78	47.44	48.35%
三门峡市	卢氏县	13.72	37.03	38.21%
十堰市	郧西县	22.78	50.70	44.93%
	房县	18.94	47.65	39.74%
	竹山县	18.07	46.10	39.20%
	竹溪县	12.02	35.87	37.98%
襄阳市	南漳县	19.55	57.65	33.91%
	保康县	10.55	26.84	39.31%
	谷城县	29.21	59.94	48.73%
陇南市	成县	11.58	26.32	44.00%
	徽县	7.87	22.47	35.02%
	两当县	1.66	4.84	34.30%
	宕昌县	2.58	31.04	8.31%
	文县	3.70	24.48	15.11%
	西和县	10.06	44.32	22.70%
	礼县	10.91	53.68	20.32%
	康县	4.03	19.99	20.16%
定西市	岷县	9.46	49.33	19.18%
	漳县	11.66	21.09	55.29%
	渭源县	9.00	34.86	25.82%
甘南藏族自治州	迭部县	1.19	5.74	20.73%
	临潭县	5.04	16.12	36.04%
	卓尼县	3.37	11.07	31.61%
	舟曲县	4.16	14.33	30.77%
达州市	宣汉县	40.91	103.84	39.40%
	开江县	17.68	45.30	39.02%
巴中市	平昌县	28.36	79.93	35.48%
	南江县	21.41	61.25	34.94%
	通江县	23.92	70.63	33.86%
广元市	旺苍县	16.84	41.20	40.88%
	青川县	7.38	21.28	34.67%
	剑阁县	18.32	49.49	37.02%
	苍溪县	21.10	61.06	34.56%
绵阳市	平武县	5.25	16.50	31.80%
	北川羌族自治县	8.88	22.30	39.84%
	梓潼县	11.63	30.76	37.82%

续表

市	县	城镇人口/万人	总人口/万人	城镇化率
南充市	仪陇县	37.41	93.51	40.00%
	南部县	40.36	93.95	42.96%
	营山县	30.31	75.12	40.34%
重庆市	云阳县	44.32	134.96	40.81%
	奉节县	27.86	105.90	42.36%
	巫山县	18.50	63.49	41.41%
	巫溪县	18.79	54.26	35.30%
	城口县	6.92	25.12	34.86%

表 1-4　秦巴山脉县级市、林区城市人口现状统计表

市	县级市/林区	城镇人口/万人	总人口/万人	城镇化率
渭南市	华阴市	10.97	24.30	45.14%
三门峡市	灵宝市	35.10	75.54	46.47%
十堰市	丹江口市	15.33	46.68	32.84%
襄阳市	老河口市	29.96	51.8	57.83%
绵阳市	江油市	34.45	86.49	39.8%
南充市	阆中市	29.45	83.92	23.18%
达州市	万源市	12.34	57.36	21.51%
	神农架林区	3.61	7.89	45.75%

秦巴山脉地区 2018 年城镇化水平为 39.4%，远落后于我国 59.58%的平均城镇化水平，处于国家发展状态较落后的地区，同样也是国家重点扶持发展的区域。另外相对于 30%的城镇化水平发展拐点而言，略高出 9.4 个百分点，本区域已经进入了经济势头较为迅猛的快速发展阶段。由于资源优势、交通区位等区域发展的不平衡，城镇化进程也不同，其中处在 30%以上的有 102 个区县，主要分布于中部、东部，而西部由于发展落后，城镇化水平较低。

（二）人口空间分布评价

秦巴山脉人口密度较高的区域主要为川北、渝北、豫西、秦岭北麓及汉中盆地、安康盆地等区域，密度较低的区域主要位于陇南山区、神农架林区以及秦岭、伏牛山的高海拔区域。另外，相较于自身山区地貌特性，秦巴山脉人口密度整体偏高，人口密度高于 300 人/km² 的区县（包括县级市）数量有 28 个，占区县总数的 23.5%；人口密度高于 100 人/km² 的区县（包括县级市）数量有 87 个，占区县总数的 73.1%；密度低于 100 人/km² 的区县（包括县级市）数量有 32 个，占区县总数的 26.9%。人口密度较高的区县主要分布在秦岭北麓、东麓和大巴山南麓的部分区县，其中汉中盆地区县人口密度也相对较高。

（三）社会经济空间分布

秦巴山脉地区经济发展较好的区域主要位于十堰市、襄阳市、汉中市、安康市的城区部分以及秦岭北麓的宝鸡凤县、西安长安区等地，四川北部地区区县经济总量相对较高，但因为人口较多，增速不高，使得整体经济发展水平评价结果不高。综合来看，秦巴山脉地区各区县经济发展水平总体较低，经济较高的区县占比不到 1/4。

三、基础设施建设

（一）交通设施条件

秦巴山脉地区 119 个区县的公路设施包括高速公路、国道、省道等。公路网密度低的区域主要集中在秦巴地区的西部地区，而公路网密度高的区域主要集中在秦巴东部区域。从交通优势度综合评价结果来看，交通优势度比较明显的区县主要包括处于陇海铁路、连霍高速南部的秦巴北麓县区、G7011 高速沿线、宝成铁路沿线、G55 高速沿线区县。交通优势度比较低的区县主要集中在秦岭西段、陇南山区与青藏高原接壤区、巴山东段、三峡水库腹地、神农架山脉周边区县。

（二）水利设施

片区内水利设施薄弱，部分地区工程性缺水严重，部分省份现有污水管道设计标准低，污水管道系统不健全，雨、污水合流制排水管渠未过渡到分流制。部分污水未经处理直接排入主要河道与支流，污染水体和城市供水水源，威胁供水安全，影响环境卫生和破坏城市生态环境。

（三）农村信息化基础设施

农村信息化基础设施落后。除移动网络外，电信通信、广播、电视、网络等都难以进村入户，"最后一公里"问题始终难以解决，农村信息高速公路和信息网络等先进的基础设施更为落后。

（四）公共服务设施

秦巴山脉多数区域教育服务设施不足，中小学与居民点空间距离远，教育人才流失严重，教育投入不足。在医疗卫生设施方面，乡镇卫生院设备缺乏、缺医少药、B 超、X 光机和心电图机等基本设备不足；而在有卫生站的村，大部分还停留在血压器、听诊器和体温计"老三件"的医疗物资水平上，与广大农村居民的需要有很大差距。文化基础设施落后，乡镇文化站占乡镇个数的比例与平原地区有明显差异，部分欠发达区域仅有少数的乡镇建立了文化站，农村人均公益文化设施不足。商业服务设施配置不达标，服务整个城市的商业设施总量不足。商业服务业设施用地空间布局与功能分工还未形成完整合理的级配体系。

第二节　秦巴山脉区域城乡空间建设问题

一、人地关系分异矛盾突出

（一）可利用土地资源缺乏，人地矛盾严峻

秦巴山脉区域自然资源环境差异较大，随地形变化的特征比较明显，地形呈西北高东南低之势，空间越邻近地形复杂的山区腹地，水资源越丰富、生态越重要，而土地资源越贫乏、地质灾害发生率越高；空间上越靠近外围平原或盆地地区，地形越平缓，水资源和生态资源越贫乏，地质灾害越少，土地资源则相对丰富。

由于秦巴山脉区域地形以山地为主，因此可利用的耕地资源较少，现有耕地资源以 15°以上的坡耕地为主，部分区域坡耕地比例高达 50%以上。秦巴山脉区域土地资源的丰富程度与地形地貌关系较大，可利用土地资源缺乏的区县主要位于海拔坡度较大的陇南山区、丹江中上游地区以及巴山东段的三峡库区核心地带，土地资源相对丰富的区县主要处于土地相对平坦、人口较少的秦巴北麓、豫西地区和徽成盆地区域，汉中盆地、商丹盆地虽然相对平坦，但由于人口总量较大，总体比较缺乏。

秦巴山脉区域约有 2/3 的国土属于生态主体功能区中的限制开发区和禁止开发区。区域生态环境相对敏感，面临的环境污染风险加剧。区内存在原发性的挖沙、开矿等无序掠夺式行为，汉江等河流沿线废水排放污染现象依然存在，丹江口库区及上游地区农村生活污水处理问题突出，导致局部水体富营养化。区域内尾矿库共 1100 余座，其中 700 余座位于水源区。小流域水质污染问题较突出，水土流失面积占区域总面积的 23%。受复杂的地质构造、深大断裂及强烈的流水侵蚀、新构造运动等内外地质作用的影响，突发性滑坡、崩塌、泥石流及地面塌陷等地质灾害的发生概率很高，破坏力极强，加之陕南地质环境脆弱、气候变化及人类工程活动频繁，以滑坡、崩塌、泥石流为主的地质灾害（隐患）数量多、分布广、密度大、频次高，危害严重。同时，人类工程活动的加剧进一步恶化了该区地质灾害发育条件，导致地质灾害的危害程度日趋严重。

（二）秦岭生态保护行动初见成效

2019 年 9 月 27 日，陕西省第十三届人大常委会第十三次会议修订通过了《陕

西省秦岭生态环境保护条例》，修订后的条例于 2019 年 12 月 1 日起施行。修订条例全面贯彻习近平生态文明思想和习近平总书记关于秦岭生态环境保护重要指示批示精神，对立法目的和方针原则、政府职责、管理体制和执法机制及"核心保护区、重点保护区和一般保护区"范围等进行了修订。

秦岭北坡山势陡峻，在秦岭北坡开山采石对秦岭破坏严重，且不易恢复。修订后的《陕西省秦岭生态环境保护条例》规定，禁止在核心保护区、重点保护区勘探、开发矿产资源和开山采石，禁止在秦岭主梁以北的秦岭范围内开山采石。已取得矿业权的企业和现有采石企业，由县级以上人民政府依法组织限期退出。

为了加强秦岭范围内城乡建设管理，修订后的《陕西省秦岭生态环境保护条例》对制定、调整和实施国土空间规划、划定城镇开发边界及建设活动作了规定，并增加了在核心保护区、重点保护区禁止房地产开发等规定。

二、山水特质不明统筹不足

秦巴山脉地区生态价值突出，是关系国家生态安全格局的重点区域。该地区的生态属性决定了其在保护与发展中有别于东部平原城市的特殊性——"山水特质"。一方面，依据秦巴山地核心区地貌分类结果，近九成（87.9%）为山地类型，另一方面，作为长江与黄河中段上游的水源地，也作为一江清水供京津的南水北调中线工程水源地，秦巴山脉地区"水"的战略地位极高。流域作为地形与水文过程共同作用形成的天然管理单元，是以河流为中心，通过森林、草地、湿地等生态环境与水文循环衔接成相互依赖的完整复合系统，是更适宜于秦巴山水特质，开展绿色人居空间统筹的空间单元。当前由行政单元对流域的切割导致的诸多问题，突出表现为三个方面的困境。

（一）宏观层面缺少统筹不利于区域城乡结构的优化

当前秦巴山脉地区的城乡发展往往受到行政区划的限制，存在各自为政，城镇布局分散、城镇规模小，等级体系不清晰，区域城乡结构不明确等问题，对区域城乡发展合理性与科学性造成了影响。

近几年来，随着城镇化水平的提高，一方面城镇基础设施、交通条件、人居环境不断改善，建设用地逐年增加，城镇盲目扩张，建设用地紧缺，城镇自然生态空间总量逐年减少，城镇生态资源面临巨大压力。另一方面土地利用率较低，土地长期粗放经营，有些甚至长期撂荒。人口逐年增加，城镇建设侵占耕地，致使人均耕地占有量不断下降，潜在的土地危机越来越明显。随着经济发展导致城镇不断扩张，对水资源不合理的调配及利用问题也日趋严重，因而出现了城镇的水资源承载力和发展规模不匹配等问题，也给城镇发展带来了极大的负面影响。因而，需要从生态承载力出发，从流域统筹视角着力，加强对区域城乡结构的优化与调整。

（二）中观层面亟待开展流域绿色单元协同与管控

秦巴山脉地区作为绿色基底的生态地区，以流域为单元的统筹发展有助于生态、水文、城乡、人口、产业等多方面的协同可持续发展。而当前，以行政单元为主导的城乡发展和管控使得秦巴作为整体性生态系统被各级行政边界切割成不同的局域，行政分割无法合理配置和市场化运作水资源，造成了显著的公共资源外部性问题，如生态保护困境，水资源分配、节水工作步履艰难，以及水污染治理困难重重等。

在人口方面，应结合流域水系生态环境特点，科学调控上中下游人口规模，减轻上中游人口压力，增强中下游环境的承载能力，吸纳和转移上游人口。不同流域内各行政区各自为政，独立规划，缺乏流域层面的总体规划和上下游互动协作，对流域内人口和城乡规模缺少流域总体的指导策略。

在产业方面，各地区出于对自身利益考虑，在自成体系的行政区经济运行下，并未按市场配置资源的原理形成合理的分工，导致当前区域整体产业分工不明确，结构趋同现象严重，产业分工上缺少梯度层次和产业链的配套关系，经济合作处于初级阶段，市场发育滞后，优势互补格局尚未形成。

（三）微观层面乡村聚落空间亟待优化和深入引导

小流域作为秦岭山地最重要的自然基础单元，有着较强的整体性，但也同样存在层次性、差异性，较高层级的小流域和较低层级的小流域存在着嵌套关系，存在着核心影响要素的不同，即使同一层级小流域，也因区位不同、资源不同、区段不同、地理特征不同，有着共性与个性的问题。

在秦岭广为存在的小流域，既是人口大量流失与乡村聚落空废率最高的地方，又是人们最向往、很多村民开始逐渐返回的地方，聚落呈现差异化非常明晰的集聚与衰落趋势，流域内不同区段之间、相邻层级流域之间的交流也变得越来越频繁，受行政、市场、村民更高生活需求等因素以及承载地的生态因素的影响，原有的社会–生态关系正在经历着急剧、多样的转变，大量存在的空置及不合理建设急需合理的管控与引导。

而作为政府的帮扶行为，也同样需要不同的考量，如同样是针对位于小流域沟口与在小流域内部四五户人家，即使资源相同，也会有不同的处理方式，不能一概而论，在沟口区域修5m宽的道路，在沟尾是否也应修5m宽的道路，有没有更好的处理方式，或者可不可以不修，都需要进行针对性的系统分析与应对。

三、基础设施落后，智能化较低

（一）智慧城市基础设施总体还处于较低水平

通信基础设施方面，秦巴山脉地区整体信息化智能化建设水平仍落后于国内一线、二线城市，无线网络覆盖的广度与深度仍需提升，家庭实际网络带宽还需进一步提高；政务基础设施方面，现有政府数据机房支撑能力不足，无法满足更多委办局的进驻需求，机房服务器利用率不高，统一运维管理和虚拟化改造亟待加强；政务内网与外网的边界不够明确，政务应用部署缺乏统筹，政务外网与部门专网无法互联互通，影响政务数据传输与共享；信息资源方面，尚未建立统一的基础数据库和标准统一的信息资源共享交换机制，信息资源共享层次较低。

（二）智慧产业与"互联网+"融合不足

互联网与传统产业缺乏融合，物联网和大数据等信息技术手段在生产、流通、预测、决策过程中尚未深入应用，电子商务等创新的应用模式亟待推广；本地信息产业整体水平偏弱，本地软件服务能力无法有效支撑秦巴山脉地区城市（如西安、成都、重庆、郑州、武汉、兰州等）信息化建设需求；信息化基础设施与管理服务能力亟待提升，在招商、企业一站式服务、宏观经济运行等方面尚未建立有效的信息化支撑手段。

（三）智慧治理方面还有待统筹和优化

政务信息归集与发布渠道分散、缺乏统筹，亟须构建网站群与新媒体相结合的政务信息发布体系。各项行政审批服务仍然依托各委办局业务系统，业务数据和审批过程信息共享困难，存在重复录入和二次录入现象，对内亟待打通行政审批流程，提高审批效率，对外需结合"互联网+智慧城市"战略，将政务服务向移动应用拓展，创新政务服务模式。

（四）智慧典型应用缺乏联动和互动

各部门信息化建设仍关注部门本身业务需求，已建成的应用系统各自独立，跨部门的业务协同缺乏相应的信息化手段支撑；各部门对内部数据资源的整合和利用不足，且缺乏跨领域、跨部门的综合利用分析，对城市运行状况的综合展示、联动处理、决策支持的支撑能力不足。

四、移民安置社区生活质量有待提升

由于地处山区，受自然环境的制约与历史人为因素的影响，秦巴山脉区域发展差异大，城市化水平低，基础设施和社会事业发展滞后，生态环境脆弱、自然灾害频发，因而秦巴山脉区域一直以来经济发展落后，贫困问题突出。为了改善区域存在的问题，近年来以大型政策性移民工程为主导的扶贫工作在秦巴山脉区域各个辖区内广泛展开。移民工程通过将深山区的农民集中搬迁至适宜居住与发展的城镇地区，以实现山区生态恢复重建、推进区域城镇化与产业整合、巩固脱贫攻坚成果等多重城乡发展目标。但如此庞大的移民规模和生存环境的巨变，势必会对这一地区的人居环境造成多重的影响，进而对这一地区的个体居民和社会群体的生活质量与健康状况产生深远的影响。

第二章

秦巴山脉绿色智慧城乡理论借鉴与目标战略

第一节　绿色发展理论与建设实践[①]

作为我国的生态高地、经济洼地和战略要地，秦巴山脉地区的城乡建设质量关系到全国的生态保护安全格局和区域协调发展，寻求地区高质量发展方式是秦巴山脉地区积极探索生态文明建设中国方案的必然选择。绿色发展是在人对自然生态的认识演化中提出的实践路径，是人们积极寻找与自然和谐相处的新的生产、生活方式和发展模式的理论与实践探索。本章试图在借鉴绿色发展理论和建设实践的基础上提出适宜于秦巴山脉地区的城乡空间管控与建设模式，为地区绿色高质量发展提供理论支撑。

一、绿色发展理论

（一）绿色发展的含义

《2002 年中国人类发展报告：让绿色发展成为一种选择》中提出绿色发展。根据中国发展的现实情况与路径选择，绿色发展是对黑色发展的深刻批判，继承并超越了可持续发展思想。绿色发展是经济、社会、自然三位一体的新型发展道路，以合理消费、低消耗、低排放、生态资本不断增加为主要特征，以绿色创新为基本路径，以积累绿色财富和增加绿色福利为根本目标，以实现人与人之间和谐、人与自然和谐为根本宗旨。

绿色发展包括了社会、经济、自然三大系统的复合，这一复合系统强调社会-经济-自然全面公平和谐发展。绿色发展是绿色增长、绿色福利、绿色财富的交集，三者不断扩张的过程通过物质、信息流动与外界紧密联系，对于外界产生正外部性，也受到外界的影响，构成绿色发展的"三圈"模型（图 2-1），体现出包括绿

[①] 本节内容由课题组成员鱼晓惠在其博士论文《绿色发展目标导向的商洛城市空间模式研究》基础上整理完成。

色生产观、绿色消费观和绿色发展观的绿色系统观。

图 2-1　绿色发展的"三圈"模型

资料来源：胡鞍钢，周绍杰. 绿色发展：功能界定、机制分析与发展战略.
中国人口·资源与环境，2014，24(1): 14-20

　　总体来看，绿色发展以绿色技术为基础，聚焦于提高人的生命力的持续健康发展，是人类在物质财富达到一定丰裕程度时的必然选择。绿色发展就是要寻找一种既增加物质财富，又不损害生态环境质量的模式和发展路径。从这个角度看，绿色发展就是循环经济模式、低碳技术应用、生态建设和创造保持人类身心健康的精神环境的总称。

　　绿色发展是发展的模式创新，其主要内容是经济活动的生态化。例如，"绿色工业"及"绿色化学"的实现路径是经济活动过程中的污染综合预防、清洁生产；"绿色物流"的实现路径是经济活动组织过程中减少消耗、降低污染；"绿色建筑"及"绿色施工"的实现路径是建设过程中节约资源、降低污染、保护环境、健康适用。可以看出，绿色发展虽然是目标体系，但也体现在路径实施的过程控制环节之中。

　　与绿色发展含义相近的概念包括循环发展、低碳发展与生态保护，它们都是对传统发展方式的超越，但彼此又有不同的侧重。绿色发展更强调经济社会的整体发展方式，倡导节能减排，减少资源消耗，是社会、经济、自然三大系统的复合，着力点在于防治环境污染和破坏；循环发展旨在根本改变以资源浪费为代价的粗放型增长方式，强调发展"资源–产品–再生资源"的循环经济，着力点在于资源和能源的循环利用；低碳发展旨在改变由于气候变暖影响生态安全的发展方式，着重发展节能产业、清洁能源产业等低碳产业，主要着力点在于减少碳排放；生态保护聚焦于对自然环境的保护与节约，保证自然生态系统结构的完整性，提高生态系统服务功能的可持续性，为人类社会的发展提供根本基础条件。从内涵分析来看，循环发展、低碳发展是包容于广义绿色发展范畴之中的，而生态保护与绿色发展则互为因果、联系紧密，绿色发展的基本前提应是生态系统结构的完整与不受破坏。

（二）绿色发展理论的思想溯源

绿色发展理论是对传统优秀思想的传承与创新，其理论渊源包括三个方面：中国传统的"天人合一"哲学思想、马克思主义自然辩证法以及可持续发展理论。

中国传统的"天人合一"哲学思想体现了对人与自然关系思考的认识论、价值观和生态观，构建了中国传统文化的主体。"天人合一"思想在人与自然的关系上采取整体主义的认识立场，将人与自然作为包容的一体进行思考，承认人在世界中具有重要地位，但并不主张征服自然，主张应以人与自然的和谐为目标，并将其作为人生最高理想。在价值观上体现以人与自然和谐为最高目标的精神道德及行为规范。

中国传统生态观在天人相分基础上追求天人合一的天人相参、互生共养，构建天地人三者相互联系的生态系统，这一系统中的三个要素各自有不同的分工，彼此之间相互作用，人作为自然过程的参与者与自然环境互生共养，在自然的再生产过程中，只能采取适当的方式干预、辅助或促进自然过程的时空作用，并有节制地对自然资源加以利用，以达到调谐存续的目标。中国传统的"天人合一"哲学思想是朴素的自然观，这一思想是整个中国传统文化的归宿之处，为当前绿色发展理念提供了历史文化的深厚基础。

马克思主义自然辩证法体现了马克思主义哲学世界观、认识论和方法论的统一，是马克思主义哲学的重要组成部分。马克思主义自然辩证法认为人与自然的关系是对立统一，人是自然界不断发展的产物，同时人是自然界的一部分。人类的生产实践活动是人与自然关系的联结，在这一过程中，人必须要正确认识、运用并遵从自然规律，才有可能改造自然。

马克思主义自然辩证法提出了处理人与自然关系的准则，认为资本主义的生产方式是引发生态危机的根源，只有实现生产方式和制度的变革，通过人类自身发展与技术进步，才能终结人与自然的对立关系，并最终取得人与自然的和谐。随着西方环境保护运动的不断发展，20世纪70年代后期，出现了生态马克思主义和生态社会主义，这些生态思想提出要解决生态问题，必须用生态理性代替经济理性，这是对马克思自然辩证法生态思想的继承与发展。马克思主义自然辩证法表述了人与自然关系的最高发展阶段，即自然生态系统与社会经济系统和谐统一，形成良性循环，这一思想为绿色发展理论提供了理论与方法论基础。

可持续发展理论是人类在环境与发展问题认识上的进步，这一思想达到了全球共识，人们意识到社会的发展需要，应在更广泛的意义上依存于自然生态环境，生态与经济是不断相互交织的关系，传统的发展模式已经不能够解决全世界的环境、社会和经济问题。

可持续发展理论的有限修正是针对西方国家环境危机下的被动式修正，它的理论根源是以人类为中心的概念，强调修正控制自然的模式。可持续发展概念上的宽泛使这一理论在学术界引起了广泛的争议，许多学者对于其解决环境、社会、经济问题的目标与方式都有不同的认识与理解。基于对环境因素重视程度表现出以技术为中心及以生态为中心的不同观点，基于对经济、社会福利与平等因素的重视程度表现出维持现状、改革和转型三种不同的实施路径。尽管可持续发展理论有着多种争议，但它依然受到了广泛的认可。它对于认识人与自然的关系、人与人的关系、人的生存价值等问题有重要的意义。可持续发展提出的被动性与修正式的模式有一定的局限性，但它仍然为讨论环境问题及社会发展路径提供了有益的理论框架。

（三）绿色发展的理论模型

绿色发展可以从本体论、方法论和价值论三个维度出发，构建系统层面的理论模型，奠定本章的理论框架（图2-2）。

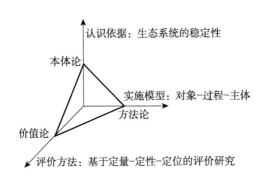

图2-2　绿色发展的理论模型

从本体论角度看，生态系统的稳定性为绿色发展理论提供了认识依据；从方法论角度审视，基于对象–过程–主体的整体研究构成了绿色发展理论的实施模型；立足于价值论进行思考，定量和定性的评价研究则成为衡量绿色发展水平的重要方法。这一系统，在理论基础上，以基于自然资本的生态经济学为研究依据；在研究范式上，以三维立体的整体论和控制论为研究指导；在研究方法上，以"定量"和"定性"的评价为测度模型。

1. 生态系统的稳定性是绿色发展的认识依据

生态学学科中对生态系统的若干重要观点为绿色发展理论提供了认识依据。

生态系统中输入与输出环境是基本要素，尽管在生态系统的各组织结构中，物质间的相互作用趋于不稳定甚至无序，但复杂的大生态系统则趋向于从随机到有序的生态过程，具有稳定的生态特性。

一个稳定的生态系统具有一定的生态规律，是生态运动过程中所内含的必然性或本质联系。在城市系统中，各物种种群的相互依存与相互制约；微观城市与宏观区域的协调发展；城市自然资源的物质循环转化与再生；城市经济活动中物质输入输出的动态平衡；城市中人和环境相互适应与补偿的协同进化；城市发展环境资源的有效极限都是城市生态系统规律的体现，是研究城市发展的重要认识基础。

2. 基于对象–过程–主体三维立体的绿色发展实施模型

基于生态系统的基本规律以及方法论维度，研究提出基于对象–过程–主体的绿色发展三维立体实施模型（图 2-3）。

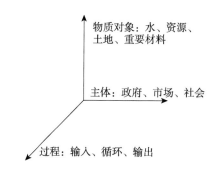

物质对象：水、资源、土地、重要材料

主体：政府、市场、社会

过程：输入、循环、输出

图 2-3　绿色发展的对象–过程–主体实施模型

绿色发展的实施模型所涉及的物质对象主要是指水、资源、土地和重要材料。从物质的供给环节上，应提高物质对象的初步利用率和循环利用程度；在物质的排放环节上，要提高废弃物的处理能力，进行资源化的再利用，减少对外界的污染，最终实现高效的物质循环模式。

绿色发展的实施模型所涉及的过程是指在输入端进行物质减量化利用，在生产和服务过程中，提高资源利用效率、减少资源消耗和废弃物产生；在过程中通过再利用，使物质重复利用或修复后再利用，延长物质的使用周期；在输出端通过资源的再利用，减少消耗和排放。

绿色发展的实施模型所涉及的主体指政府、市场和社会，主要是指这三类相关主体在经济社会活动过程中所承担的角色。通过这三类主体的协同运作最终推动绿色发展的整体实施。

对城市代谢系统的结构分析，正是基于对象–过程–主体三维实施模型展开，以此进行城市系统生态关系的认识与比较，为城市建设发展的各类资源供给、产业配置转型、公共服务设施配套提供实施策略。

3. 基于定量-定性-定位的评价方法

绿色发展关注的目标不是单纯的经济增长，而是生态效率的提高，可采用定量-定性-定位结合的方法，对城乡人居环境绿色发展进行综合评价。定量评价以资源及土地为核心进行量化评估，对绿色协调度、绿色发展度、绿色持续度进行评测，作为对城乡建设土地及空间资源利用进行约束和导向的依据；定性评价以城市代谢系统结构评价为核心，对城市代谢系统中各组分的生态关系进行评测，作为生态效率提升导向的依据；定位评价以城市空间结构的整体与局部关系评价为核心，对城市重点功能区的空间分布及布局进行评测，作为城市空间结构合理调整的依据。

（四）城市空间的绿色发展

城市空间是城市社会、经济、政治、文化等要素的运行载体，城市空间结构是城市职能在城市地域上的配置及组合状况，城市空间的绿色发展是探究区域及城市的发展战略与空间模式，引导城市空间健康、合理生长，使城市的绿色发展目标有适宜的空间载体得以运行并逐步实现。

1. 城市空间绿色发展的内涵

城市空间发展与环境、经济、社会要素密切相关。自然环境、经济技术、社会文化分别对应城市生态空间、城市经济空间及城市社会空间，行政、规划要素体现了规划的干预作用。城市空间绿色发展的内涵就是通过行政和规划手段促进城市自然空间结构的生态互动、经济空间结构的协同调适、社会空间结构的演替更新。

1）绿色发展要促进城市自然空间结构的生态互动

城市自然空间是城市内以自然生物生产为特征的空间地域，包括孑遗原生生态系统、半自然的农林生态系统及部分模仿自然的人工生态系统，它们在城市生态系统中担负维持系统平衡的作用，为城市生态系统提供生态服务。城市自然空间结构指城市的各种自然生态要素共同构成的空间布局结构，在宏观层面上表现为人类社会与原生生态系统的互动，在微观层面上表现为各种生态因子在城市系统中为适应环境形成的空间利用模式。

自然空间结构在城市空间发展上具有优先延续性，山川、河流走向与分布，气候、气象的规律与变动，自然资源的承载力等都是影响城市空间布局的重要因素。城市自然空间结构的生态互动强调城市自然与人工环境的空间交融，既包括城市边缘区的生态互动，也包括城市建设区内部的生态互融。城市建成区内部空间的自然环境与人工环境的嵌合互融，有助于提高城市人工生态系统的稳定性。

2）绿色发展要促进城市经济空间结构的协同调适

产业经济活动是城市经济空间结构最重要的内在机制，不同的产业类型在城市中互动分离的影响因素也不尽相同。一类产业是以自然物质为作用对象的产业类型，受环境制约力大，空间布局必须与相应的自然条件对应；二类产业的空间布局影响因素包括产业需求、交通条件及基础设施条件；三类产业空间布局与城市其他社会要素的空间定位关系十分密切。

经济空间结构协同调适的空间因素是城市土地的利用，包括土地利用开发强度的空间合理性、土地功能布局的多样性与混合性、土地利用结构的空间协调性。针对城市产业空间布局，土地利用强度应根据不同规模的土地资源、人口状况、气候条件等因素确定产业用地的规模与密度。城市土地用途的多样性和土地功能的混合性体现了城市土地使用的"混沌"状态，适当的用地功能混合利用有助于提高土地的利用率和产出率，也反映了城市经济活动的相互支持以及社会文化环境的和谐。土地利用结构的空间协调要求不同空间层面的各类用地关系的合理，充分保证整体与部分土地利用结构的空间协调。这些内容也是绿色发展目标在城市土地利用上的体现。

3）绿色发展要促进城市社会空间结构的演替更新

城市社会空间结构是指社会功能空间在物质空间层面上进行场所互动与分离的内在机制。绿色发展的城市空间也重视城市的社会、文化、思想意识等非物质因素，通过人口规模与空间规模的匹配、服务设施空间布局的均衡、居住空间分异与有机混合、历史地段空间形态的延续等方面体现社会空间结构的演替更新。

城市空间的绿色发展要求城市空间拓展与人口增长具备协调的合理关系。公共服务设施与基础设施配置是满足城市居民生活需求，提高废物的处理率和循环利用率，提升生活品质的重要因素。居住空间模式是促进不同阶层人群相互融合，在城市内逐渐消除冲突与社会问题的重要方式。城市的历史地段是传统历史文化延续的重要空间载体，也是体现城市地方文化特色及人文情怀，提升城市社会文化价值，实现城市绿色发展的必要内容。

2. 城市空间绿色发展的原则

1）空间绿色发展需要提升自组织能力

绿色发展的城市空间是可持续模式的物质形态体现，其生长与演化的形成主要来自系统内的各组分之间的相互作用。在城市演化过程中，城市系统通过负反馈外部干扰的同化作用，使系统调适或保持原本的有序状态，城市空间结构由无序演化为新的有序，城市系统由旧约束的破除转向新的稳态建立。

在城市空间结构的演化过程中，自组织能力使城市空间在发展需求与现实空间产生矛盾时，促使城市空间进行调整，使城市系统的物质、经济、社会、文化等功能形成高效的空间布局与均衡发展的结构。例如，城市受到新的物质流、信息流、能量流刺激，原有城市功能结构的完整性被再次破坏，新的功能结构再次出现，以适应城市发展的不断需要。

城市自组织的能力是城市空间结构的发展进化能力，城市空间结构通过空间建设的自觉组织进行演替发展，是城市空间绿色发展的重要原则之一。

2）空间绿色发展需要维系多样共生

复杂生态系统由不同的种群构成，种群间具有竞争关系，并受到多种因素的干扰作用。不同种群通过竞争来调节系统中资源效用的最大化与种群的个体进化。复杂生态系统由于种间竞争而产生演替与共生，形成生态群落，具有一定的稳定结构、动态特征、分布范围和边界特征。适度干扰会将竞争排斥过程拉长，使种群类型的多样性增加，群落中更多的空间类型可以共同存在且持续发展。

城市空间的结构演变也是符合生态位理论竞争作用的结果。区位的竞争性在宏观地域和城市内部的空间格局演化中，通过集聚、扩散、更新等方式，引发系统的进化与发展，竞争的持续存在导致城市空间的功能、性质始终处于动态变化中。适度竞争带来的资源开发与再生，形成城市空间的梯度等级分布，导致城市空间结构的演替与再生，是城市系统各要素共生的必然需求。

城市空间结构的演化是由于组成要素之间始终存在着竞争与干扰的作用关系，过度或不足的竞争与干扰均会导致城市空间结构的失衡，而适度竞争与干扰才有利于合理的资源配置与高效利用，维持系统的多样性，并构筑共生有序稳定的城市空间结构。

3）空间绿色发展需要持续"流"要素优化

处于非平衡状态的开放系统，通过与外界不断交换能量流、物质流与信息流来维系生命系统结构与功能的有序状态。"流"作为复杂系统的一种特性，是有着诸多节点与连接者的某个网络上的某种资源的流动。卡斯特（Castells）也在《网络社会的崛起》中提出，社会是环绕着流而构建的，如资本流、信息流、技术流等，这些"流"不仅仅是社会组织的要素，甚至支配着社会经济活动。

从"流"的物质组织空间形式来看，其内在的"流"要素及运动过程，均需要物化的空间予以支撑，并已内嵌或物化在物质空间（表2-1）。

表 2-1　"流"要素与物质空间

"流"要素	物质空间
信息流	通信设备网络
人口流、物质流	交通网络
人口流、物质流、信息流、文化流	城乡地域空间

在绿色发展理论实施模型中，提出了"输入、循环、输出"三个环节的过程，这一过程的内在运行逻辑也是城市中各种"流"要素的物理运动。由于城市空间

系统中存在着生态位势差，这些要素的流动既受到生态位关系的作用，也反作用于生态位，影响城市内部生态位发生变化，导致城市空间结构的演化。各种"流"的动态持续及其流动的合理状态是城市空间结构的最优发展态势。"流"要素的优化体现在城市空间结构上出现空间拓展和组合形式的变化，带来空间结构的演化。

4）空间绿色发展需要延续基因遗传

城市内在基因是空间结构由量变拓展到质变结构更新的内在作用之一，城市的自然、经济、社会发展规律决定城市空间发展的个性与特色，在长期的演化进化过程中遗传基因是城市特色与社会记忆得以传承的内在机制之一，延续城市基因遗传，是保证城市空间结构绿色发展的必然需求，包括自然空间结构在城市空间演化进程中的优先延续性，城市经济产业基因的复制与持续作用，城市社会文化基因的积淀与传承。这种延续性包括了对于城市传统文化的保护与特色的维护，在空间上表现为既有城市空间结构的维持，外力要素及新兴要素以此为依托进行适度变革，以避免造成城市空间发展中资源的浪费与运行的阻滞。绿色发展追求保护与增长的平衡，这一目标赋予了城市空间结构变异与更新的基因延续原则。

二、绿色发展的建设实践

绿色发展作为解决生态危机的战略路径，诸多国家和地区都采取了积极的实施措施，从发展绿色生态产业、开发绿色能源、绿色城乡空间发展建设、生态城镇群规划与建设、生态循环型社区建设等方面提供了可借鉴的先进经验。

（一）欧洲国家的绿色发展建设实践

1. 欧洲绿色生态产业发展建设

欧洲是全世界最早倡导绿色发展理念、推动产业绿色转型的地区，通过绿色经济转型政策，取得了积极的成效和突出的成就，其经验和做法对秦巴山脉地区加快绿色高质量发展具有重要借鉴意义。

（1）丹麦绿色生态农业发展有效促进环境保护。丹麦农业生产模式为农牧结合、以牧为主，农业生产与环境保护相协调，发展绿色生态农业。农业生产中限制化学物品使用、保持轮作模式；农产品生产强调农作物种植品类的优化，为牧业提供饲料补充，延长农业产业链；建立农业咨询服务机构，将农业产业与公共服务平台有效结合，包括由农民自行出资运作的农业中心和国家级咨询服务机构。

（2）德国赫斯特工业园建设注重先进的绿色基础设施体系建设。德国法兰克福的赫斯特工业园入驻有 60 多个国家 90 余家化工、医药、生命科学和生物技术领域的企业，园区研发制造的产品涉及制药业、化品、食品添加剂、涂料、塑料、农作物保护等多个领域。赫斯特工业园的规划建设将区内的基础设施体系进行优化设计，实现了能源的高效循环利用；设置大型污水、污泥处理设施，采用最新技术降低生产过程对环境的污染和破坏，实现工业生产和资源、环境保护的协调发展。赫斯特工业园采用企业合作团体的管理模式，园区管理部门提供企业生产需要的各类基础设施和公共服务设施。

2. 欧洲生态社区建设

欧洲生态社区建设有统一的标准体系，包括自然资源利用、环境污染减除、居民生活、生物多样性保持和健康食品等五个方面。例如，英国伯丁顿零能源社区是根据城市可持续发展和建筑循环利用的理念进行建设的生态社区。社区以生态住宅为主，包括办公场所、商店、咖啡屋、医疗中心和幼儿园等设施，遵循资源节约利用和可持续发展的设计思想，确定了零碳排放、零废弃物排放、绿色交通、当地材料利用、节水、生物多样性保护、传承文化、公平交易、健康愉快生活等多项建设指标，成为英国城市可持续性社区的典范。瑞典斯德哥尔摩市哈马比社区、丹麦贝泽（Beder）镇太阳风社区、西班牙巴利阿里群岛 ParcBIT 社区等也都在绿色交通、绿色能源、绿色建筑、社会人文、环境保护与治理、废弃物处理和智慧基础设施建设等领域进行了实践。

3. 兰斯塔德绿色城乡空间建设

兰斯塔德城市群呈"多中心"马蹄形环状布局，将多种城市职能分布在大、中、小不同规模的城市中，形成空间分散、联系紧密、职能分工明确的有机结构。兰斯塔德包括三个大城市、三个中等城市以及众多小城市，城市间距 10～20 km。兰斯塔德内部有面积约 400 km² 的农业地带作为中央"绿心"，并通过线性辐射方式形成"绿楔"和缓冲带，构成地区整体绿色空间结构。

兰斯塔德绿色城乡空间结构以绿色空间为核心，采用集约的土地使用方式，紧凑布局城市建设空间，以保证地区的生活空间质量。在地区行政管理上，建立区域性联合机构和管理平台来实现整体协作，区域规模上加以协调与引导，防止绿色开放空间被各个城市蔓延蚕食。在法律法规层面，推行多层次的自然环境保护法规，对生态环境进行建设与修复，并为重要的开放空间划定保护范围。

（二）日本的生态城镇群及循环社会建设

日本政府通过积极推行生态城镇建设及循环型社会发展路径来实现绿色发展。日本的生态城镇被称为"小环境负荷城市"，1994 年日本建设省城市局城市规划科监制的政策指导书中明确了小环境负荷城市规划的三个基本思路：一是城市集约建设；二是城市作为一个有机体进行呼吸，与自然进行对话；三是城市环境与生活便利性应相互协调。

日本的生态城镇在产业发展上以生态工业园为主要建设模式，北九州生态工业园是再利用型生态园区的典型。北九州生态工业园中的企业采用循环经济生产方式，实验区将环保新技术转化为成熟技术，再移植到综合环保产业园区进行产业化生产，科研城为园区提供产学研究与开发的公共服务平台。日本通过全国范围生态工业园区及生态城镇的建设，合理利用资源能源，调整城市和乡村的土地利用方式与布局，为发展循环型社会提供空间载体。

日本在建设循环型社会中寻求环境振兴与经济社会问题同步解决的方案及措施，2018 年日本通过第五次《环境基本计划》，提出"地方循环共生圈"的概念及实现目标的实施路径，以此寻求地区综合治理与环境和经济社会发展水平的共同提升。"地方循环共生圈"是以充分发挥地域资源优势、建设自立分散型社会为主导，环境与社会相互作用、相互支撑的可持续发展状态。其中"循环"指物质与生命的循环，大气、水、土壤与生物之间通过光合成、食物链实现循环，最大限度减少地区环境负荷；"共生"指人与自然的共生以及本地区与周边地区的共生，各城镇与邻近地区形成自然要素和经济要素的连接与互补，构筑区域资源更加齐备的"共生圈"。地方循环共生圈的产业发展以利用地方绿色观光资源，开发农业、工业和旅游业相结合的六次产业为主导，加强城乡之间的经济交流。日本通过"地方循环共生圈"的模式构建自然生态与社会经济于一体的绿色发展路径，调节人居环境的微气候，实现环境保护与产业的和谐发展与良性互动（图 2-4）。

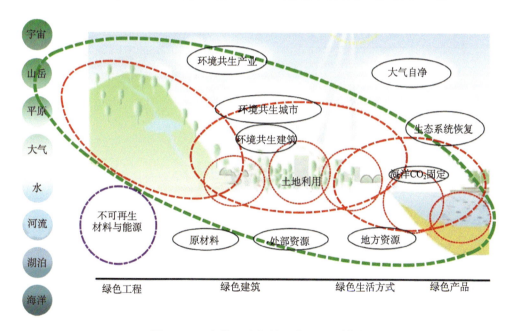

图 2-4　日本的"地方循环共生圈"模式

（三）中国的绿色发展建设实践

1. 中国绿色发展的状况

中国进入 21 世纪以来，绿色发展从"未来共识"逐渐成为"现实需求"。为了顺应新时期国内外大环境的变化及新的发展要求，中国提出了经济结构战略性调整和转变经济发展方式，在绿色发展领域的行动已经处于全球引领位置，但是仍然存在区域发展差异性的问题。

中国在不同地区的绿色发展建设实践中，依据经济社会的条件，出现了四种模式。东部发达地区自发转型模式以优化产业结构为核心；中部产业承接地区节能降耗模式以节约资源、降低能耗为核心；东北老工业基地绿色发展模式以资源转型为核心；西部生态保护跨越式模式以生态环境保护为核心。

我国城市经济增长普遍较快，但绿色转型发展的差异较大。从全国范围来看，我国大多数城市的绿色发展处于中游水平，而经济增长较快、绿色城市指数低于国内城市平均值的内陆城市将是绿色发展的主要地区。

2. 中国的绿色城市建设实践

中国的绿色城市建设主要采取自上而下政府主导模式。1992 年起，中央政府各部委采用"试点"模式推动带有绿色城市特征的建设试点和实践（表 2-2），在2014 年 3 月中共中央、国务院印发的《国家新型城镇化规划（2014—2020 年）》中，也提出将生态文明理念融入城市发展，构建绿色生产方式、生活方式和消费模式。

表 2-2　中国各部委关于绿色城市的建设试点与实践

主管部委	具有绿色城市特征的城市试点建设工作
住房和城乡建设部	园林城市（1992 年）、国家生态园林城市（2004 年）
	绿色建筑（2006 年）
	低碳生态试点城（镇）（2011 年）
	智慧城市（2012 年）
	绿色生态城区（2013 年）
	海绵城市（2015 年）
	城市双修（2015 年）
国家发展和改革委员会	低碳省区和低碳城市试点（2010 年）
	碳排放交易试点（2011 年）
	低碳社区试点（2014 年）
	国家循环经济示范城市（县）（2015 年）
	产城融合示范区（2016 年）
国家环境保护总局	生态示范区（1995 年）
	生态县、生态市、生态省（2003 年）
环境保护部	生态文明建设示范区（2013 年）
科学技术部	可持续发展议程创新示范区（2018 年）
国家林业和草原局	国家森林城市（2004 年）
住房和城乡建设部、财政部、国家发展和改革委员会	联合评选绿色低碳重点小城镇（2011 年）

主管部委	具有绿色城市特征的城市试点建设工作
国家发展和改革委员会、国土资源部、财政部、水利部、农业部、国家林业局等六部委	推动生态文明先行示范区建设（2013 年）
国家发展和改革委员会、工业和信息化部	开展国家低碳工业园区试点工作（2013 年）
财政部、住房和城乡建设部、水利部	开展海绵城市建设试点城市评审工作（2015 年）

资料来源：李迅，董珂，谭静，等. 绿色城市理论与实践探索. 城市发展研究，2018，25(7)：7-17

在政府相关政策主导下，中国诸多城市逐步制定了绿色城市建设目标及规划。2000 年开始，南京、苏州、武汉都相继提出了"绿色城市"计划，2010 年北京发布《"绿色北京"行动计划（2010—2012 年）》，2010 年无锡市提出了"低碳宜居"城市建设目标。2008 年开始，成都市陆续编制生态系统控制规划、生态保护总体规划等市域总体层面的生态保护规划，奠定了成都市全域生态保护的格局，2011 年开始编制相关专项规划，全面深化、细化绿色城市建设。党的十八大以来，随着习近平生态文明理念思想的逐步确立与贯彻落实，强化区域资源环境统筹、人地关系协调发展，推动山水林田湖草沙全域全要素管控治理，实现人与自然和谐共生和永续发展就成为"绿色城市"新的内涵与发展目标，与之相应的"生态文明建设示范区"创建工作全面开展。

第二节　智慧绿色城乡发展目标与战略

一、发展目标

以智慧、绿色为指导，协调秦巴山脉区域关系，科学合理引导秦巴山脉区域生产、生活、生态空间协同发展，进一步深化一期结论，深入协调区域内生态保护，提出行之有效的流域生态管控措施，引导城乡空间建设；以城乡人口、产业、经济发展为基础，优化区域内人地关系，划分战略发展分区，合理引导人口迁移；以提升区域人居环境、基础设施为导向，构建智能设施建设体系，提升基础设施建设的可操作性、适用性以及可持续性。

二、发展战略

（一）空间区划管控战略

以生态本底保护为根本，围绕生态和谐、绿色建设、人地和谐的要求，深化一期课题中城乡空间引导战略研究的内容，从秦巴山脉区域人地关系的空间特征着手，在研究人地关系演化和社会经济发展与资源环境供需关系的基础上，重构城乡空间布局，分区域进行管控治理，从引导山区人口疏解、梳理城乡居民点分布，提出空间资源供需平衡的整治思路，从产业发展导向、城乡建设模式等方面提出适应各区域生产、生活、生态的发展战略。

（二）流域空间统筹战略

以水资源保护为切入点，修正行政区划对生态过程的割裂，构建流域绿色循环单元，有效突出区域山水特质。通过对秦巴山脉区域内部流域嵌套单元的梳理，从三个尺度层级强化基于秦巴山水特质的绿色人居空间统筹：宏观层面，以生态安全格局保护为基础，强化城乡人居空间与地貌水文特征的分布关系，基于流域协同优化城乡结构；中观层面，通过深化一期"全绿–深绿–中绿–浅绿"城乡发展模式，明确各区县与流域单元的关联特征，通过对中级流域和小流域示范单元的研究，形成流域上、中、下游保护与发展的行动措施与管控指标；微观层面，通过对小流域单元内部的研究，形成乡村聚落空间优化模式及图则式管控引导方法。

（三）智慧城乡建设工程引导战略

以智能化作为绿色生态发展、智慧秦巴的重要技术引擎，为智慧绿色城乡发展提供强有力的支撑。以物联网、大数据、云计算、边缘计算、移动互联网、智能控制技术等信息智能化技术为支撑，构建智慧秦巴管理系统，提高区域管理水平和效率；整合秦巴山脉地区内外信息资源，打造互联互通的智慧秦巴平台；利用适宜的建筑智能化技术提升区域人居环境。促进秦巴山脉地区社会可持续、经济可持续、生态可持续和城乡区域可持续的综合发展。

（四）移民生活质量提升战略

通过在秦巴山脉区域内选取典型区域进行政府部门访谈、选取典型移民社区组织焦点小组讨论及小样本问卷调查，重点分析秦巴山脉区域移民安置社区中因人居环境变迁对移民搬迁家庭生活质量带来的影响，并对存在问题进行剖析，提出引导空间集聚，产城融合优化发展；加大产业扶持，促进搬迁居民本地就业；推广职业教育培训，提高搬迁居民就业技能；完善服务设施配套，提升安置区生活环境，提高社区智能化水平，降低安置居民生活成本等优化策略，改善秦巴山脉区域移民安置社区居民生活质量。

第三章

秦巴山脉地区空间区划管控战略研究①

第一节　秦巴山脉人地关系演化研究

秦巴山脉地区地形复杂、人口众多、社会经济发展相对落后，但在长期的发展过程中对生态环境的约束性认识不足，导致局部地区人地矛盾突出，一直以来都是国家发展政策的重点关注地区，研究其人地关系演化有助于科学认知秦巴山脉地区城乡空间及其人地耦合关系的发展规律和影响机制。本节尝试从"综合"和"特定"视角构建秦巴山区人地系统中人类活动需求子系统与资源环境供给子系统的耦合协调评价体系，深入刻画自 2000 年以来秦巴山脉地区人地关系时空动态演化过程，并对演化驱动因素进行剖析，为后续针对性的空间管控奠定基础。

一、指标体系构建与研究方法

（一）指标体系

本章依据科学性、系统性、简明性和可获取性原则，借鉴已有相关研究成果，结合秦巴山脉区域的特点和实际，重视基础性和主导性指标的选取，针对人地关系协调发展的影响因素并结合秦巴山脉区域发展实际与问题，共选取两大类、六中类共 26 项评价指标形成指标体系（表 3-1）。

表 3-1　秦巴山脉区域人地关系耦合协调度评价体系

系统层	准则层	指标层	单位	指标方向
人类活动需求子系统	人口扩张	人口密度	人/km²	+
		城镇化率	%	+
	经济发展	地均地区生产总值	万元/km²	+

① 本章内容由课题组成员敬博在其博士论文《秦巴山区人地系统演化格局及空间管控研究》基础上整理完成。

续表

系统层	准则层	指标层	单位	指标方向
人类活动需求子系统	经济发展	地方财政支出	亿元	+
		固定资产投资	亿元	+
		非农产业比重	%	+
		林业产值占地区生产总值比例	%	+
	资源消耗	人均建设用地	m²/人	+
		人均居住面积	m²/人	+
		人均城市道路面积	m²/人	+
		人均工业用水量	m³/人	+
		人均生活用水量	m³/人	+
		万元地区生产总值能耗	吨标准煤/万元	−
资源环境供给子系统	资源供给	人均耕地面积	m²/人	+
		人均水资源可利用量	m³/人	+
		人均供水总量	m³/人	+
	环境质量	地均二氧化硫排放量	t/km²	−
		地均废水排放量	t/km²	−
		地均固体废物产生量	t/km²	−
		工业废物综合利用率	%	+
		工业废水达标排放量	万 t	+
		工业烟尘处理率	%	+
	生态供给	森林覆盖率	%	+
		植被覆盖率	%	+
		人均绿地面积	m²/人	+
		建成区绿化覆盖率	%	+

本节研究数据以地级城市为单位进行统计计算，经过层次分析法（analytic hierarchy process，AHP）、主观赋权法和熵值法客观赋权法综合确定权重，其中，AHP 计算时重要性两两比较采用专家打分的方式，熵值法采用多年数据权重的平均值（表 3-2）。

表 3-2   指标体系权重表

指标	AHP 主观权重	熵值法客观权重	综合权重
人口密度	0.3334	0.0451	0.1892
城镇化率	0.0666	0.0222	0.0444
地均地区生产总值	0.1820	0.0970	0.1395
地方财政支出	0.0924	0.1425	0.1174
固定资产投资	0.0404	0.1336	0.0870
非农产业比重	0.0280	0.0016	0.0148
林业产值占地区生产总值比例	0.0572	0.0582	0.0577

续表

指标	AHP 主观权重	熵值法客观权重	综合权重
人均建设用地	0.1512	0.1870	0.1691
人均居住面积	0.0580	0.1109	0.0844
人均城市道路面积	0.0722	0.0383	0.0552
人均工业用水量	0.0396	0.0973	0.0685
人均生活用水量	0.0594	0.0481	0.0537
万元地区生产总值能耗	0.0196	0.0184	0.0190
地均二氧化硫排放量	0.0420	0.1384	0.0902
地均废水排放量	0.0480	0.1054	0.0767
地均固体废物产生量	0.1100	0.1163	0.1132
人均耕地面积	0.0234	0.0166	0.0200
人均水资源可利用量	0.1228	0.1768	0.1498
人均供水总量	0.0536	0.1441	0.0988
工业废物综合利用率	0.1418	0.0170	0.0794
工业废水达标排放量	0.0358	0.1872	0.1115
工业烟尘处理率	0.0226	0.0052	0.0139
森林覆盖率	0.0466	0.0274	0.0370
植被覆盖率	0.1124	0.0020	0.0572
人均绿地面积	0.0268	0.0476	0.0372
建成区绿化覆盖率	0.0144	0.0160	0.0152

（二）耦合协调度模型

人地关系地域系统中的各个子系统在发展过程中相互作用、相互制约，借鉴系统论和相关研究成果，采用耦合协调度模型分析各子系统的动态演化过程及相互耦合状态。

$$C = \left\{ \frac{f(x) \times f(y)}{\left[\frac{f(x) + f(y)}{2} \right]^2} \right\}^2 \tag{3-1}$$

$$T = \alpha f(x) + \beta f(y) \tag{3-2}$$

$$D = \sqrt{C \times T} \tag{3-3}$$

其中，C 为系统耦合度；$f(x)$，$f(y)$ 分别为人类活动需求子系统指数和资源环境供给子系统指数；D 为耦合协调度；T 为人类活动需求子系统与资源环境供给子系统的综合发展指数；α、β 为权重系数，反映各子系统在综合发展指数中的重要程度，$\alpha > 0$，$\beta > 0$ 且 $\alpha + \beta = 1$。参考相关研究对耦合协调度进行划分（表3-3）。

表 3-3　人类活动需求–资源环境供给子系统耦合协调发展程度评判标准

协调类型	协调发展程度	耦合协调度
失调衰退类	极度失调衰退	0~0.09
	严重失调衰退	0.1~0.19
	中度失调衰退	0.2~0.29
过渡阶段类	轻度失调衰退	0.3~0.39
	濒临失调衰退	0.4~0.49
	勉强协调发展	0.5~0.59
	初级协调发展	0.6~0.69
协调发展类	中级协调发展	0.7~0.79
	良好协调发展	0.8~0.89
	优质协调发展	0.9~1

二、人地关系耦合协调度演化

（一）耦合度时空演化

2000~2015 年秦巴山脉区域人地关系耦合度总体处于磨合阶段并呈逐渐下降趋势，其中 2000~2005 年缓慢下降，2005~2010 年下降较快，2010~2015 年稳定略有提高（图 3-1）。说明该阶段尽管人类活动需求与资源环境供给总体处于良好协作阶段，但因为经济增长缓慢，各地发展不均衡趋势增大，使得两者的耦合程度呈逐年降低，直到 2010 年国家对生态文明建设和区域均衡发展的重视程度逐渐提高，人地关系的耦合程度才开始逐渐平稳。

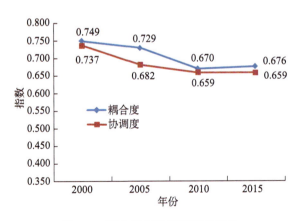

图 3-1　耦合度与协调度演化对比

从耦合度演化的空间分异特征来看，外围相对稳定，内部变化较多。其中，西安、神农架林区、重庆、十堰、巴中符合先降后升的"U"字曲线；宝鸡、甘南、定西、汉中、三门峡、达州、绵阳则为持续下降，宝鸡、三门峡、达州、绵阳由高水平耦合阶段降为磨合阶段，汉中则由磨合阶段降为拮抗耦合阶段，定西由拮抗耦合降为低水平耦合；仅渭南、安康为耦合度持续上升的地市，分别由磨合阶段和拮抗耦合阶段上升为高水平耦合与磨合阶段。

（二）协调度时空演化

秦巴山脉地区人类活动需求与资源环境供给的协调水平与耦合度演化特征较为相似，呈逐年下降趋势。2000~2015 年，协调度指数分别为 0.737、0.682、0.659、0.659，从中级协调水平逐渐降为初级协调水平，其中 2000~2015 年下降趋势较耦合度明显，主要因为在这一时期综合发展度也呈快速下降趋势，2010~2015 年协调度开始稳定。从协调度演化的空间分布特征来看，西安、神农架林区、重庆、商洛、汉中、巴中、十堰等呈现先降后升的演化趋势，但除西安与重庆外，总体提升幅度不大。西安市由优质协调（2000 年）降为良好协调（2005 年）后又提升至优质协调发展状态（2010 年，2015 年），重庆市由良好协调（2000 年）降为中级协调（2005 年）又快速提升为优质协调（2010 年，2015 年），说明这两个城市在发展过程中不仅注重社会经济速度与质量的领先性，同时在与资源环境的协调方面也相对较好。而神农架林区由于整体人地发展演化的稳定性，人地关系的耦合协调程度处于稳定且协调的状态。此外，其他地市人地关系协调度均为下降状态，其中定西、甘南、绵阳、广元、达州、汉中、平顶山下降幅度较大，襄阳、南充、商洛、巴中等在演化后期有一定程度回升，宝鸡、渭南、洛阳、安康、陇南处于波动状态或小幅上升状态。

三、秦巴山脉区域耦合协调度演化驱动因素分析

借助 SPSS 软件以及全局回归模型——普通最小二乘法（ordinary least squares，OLS）和局部回归模型——地理加权回归（geographic weighted regression，GWR）模型进行演化驱动分析，结果显示地均地区生产总值、人均居住面积、工业废物综合利用率、建成区绿化覆盖率、工业烟尘处理率为主要驱动因素，其中地均地区生产总值代表经济发展水平，人均居住面积代表发展占用资源的程度，工业废物综合利用率代表资源利用的集约程度，建成区绿化覆盖率和工业烟尘处理率反映生态环境水平。

秦巴山脉区域整体生态环境较好，但经济发展相对落后，绝大多数城市资源环境水平远高于经济发展水平，因此地均地区生产总值成为制约人地关系耦合协调发展的核心因素，地均地区生产总值的标准化指数提高，则耦合协调度快速上升，反之则快速降低。2000~2015 年由于区域整体发展不均衡，尽管各地市地均地区生产总值统计数据在上升，但综合经济发展指数呈下降趋势，因此耦合协调

度也开始下降。其次，人均居住面积与耦合协调度呈负相关，影响系数也相对较高，说明人均占用资源的水平在很大程度上影响着人地关系协调程度，同样居住用地容纳人口越多，说明资源利用效率越高，对资源的破坏和占用也越少，耦合协调度才能在一定程度上有所上升。工业废物综合利用率、建成区绿化覆盖率都是生态环境质量的重要指标，数据显示其与耦合协调度呈较弱的负相关，说明较小的生态环境质量提升并不能使人地关系耦合协调度得到提升。这两项指标的提升对资源环境供给指数的上升有贡献，对秦巴山脉区域而言，反而会小幅拉大人类活动需求子系统和资源环境供给子系统之间的差距，使得原本就不高的耦合协调程度有所降低。因此本书认为有效提高秦巴山脉区域人地关系耦合协调程度的主要措施是在保证资源占用最小的前提下，快速提升地区的经济发展水平和生活质量，同时保证生态环境水平在现有相对较好的基础上持续优化，以实现人地关系发展状态的综合好转。

四、小结

在各指标人均值小幅上升和区域不均衡状态扩大的双重作用下，秦巴山脉区域人地系统总体呈下降中略有浮动的综合发展状态，其中，人类活动需求子系统指数持续下降，资源环境供给子系统演化较为平稳、略有下降，这说明人地系统状态与人地要素自身演化密切相关，较大程度取决于人的因素，与区域整体均衡状态也存在关联。

秦巴山脉区域人地系统耦合协调度在 2000~2010 年持续下降，在 2010~2015 年开始稳步回升，耦合度始终处于磨合阶段，协调度从中级协调降为初级协调，且发展度、耦合度与协调度三个指数高度相关，说明前十年虽然全域经济社会指标普涨、生态环境恶化有效控制在一定范围内，但人地系统的协调发展状态并不理想，反而出现退化，直到 2010 年左右全面贯彻生态文明建设和可持续发展战略，生态保护策略得到进一步实施以后，秦巴山脉区域人地系统协调发展程度才开始出现回升，人地关系开始向好发展。

人地耦合协调度的地市空间分异和演化特征为：①耦合度高的地市较多，耦合度低的地市少，初级协调和中级协调状态的地市居多；②外围东部低山平原区耦合协调程度高，内部偏西中高山地区耦合协调程度低；③低山平原区耦合协调度指数总体平稳，略有下降，中高山地区耦合协调状态差，且指数呈持续下降趋势。

地均地区生产总值、人均居住面积与耦合协调度强相关，工业废物综合利用率、建成区绿化覆盖率与耦合协调度弱相关，说明经济发展状态和资源利用程度决定了人地关系协调演化状态，生态环境质量对人地关系演化有作用但需在保证地区高质量的社会经济发展基础上才更为有效。

基于以上分析，本书认为秦巴山脉区域人地关系优化调控的目标应该是区域社会经济发展和自然资源环境在全域内的均衡与协调。因此未来应在强化全区域生态保护的基础之上加快生态敏感性较低、适宜开发建设区域经济发展，进一步提升区域的综合发展水平，耦合协调经济发展与资源环境之间的关系；同时应树立节约集约利用资源的理念，提升资源利用效率、降低人均土地资源占用程度，同时要大力提升区域的绿化覆盖水平和生态环境质量，以保障地区高质量的经济发展和生态水平。

此外，特殊的地形地貌特征使得山区很难通过市场机制自由高效提升人地供需两端的资源配置效率，而资源禀赋和发展条件的差异也很难使得不同地区的经济发展或者生态环境质量达到同一均衡水平，因此，需要通过有效的空间区划辅以针对性的引导措施，对地区人地关系发展状态施加影响，以实现秦巴山脉区域的整体发展均衡。

第二节 基于空间均衡的城乡空间区划研究

一、秦巴山脉人地关系空间均衡评价

空间均衡模型主要通过衡量人地关系中人类活动的空间需求强度与自然环境的空间供给能力之间对应程度而反映一个地区的人地关系优劣。如果研究区域空间需求强度与自然环境的供给能力基本持平，则该地区空间呈均衡状态；当空间需求强度超出自然环境的供给能力，则说明该区域空间呈超载状态，未来需通过减小开发强度或提高自然环境的供给承载能力予以优化；当自然环境的供给能力超出空间需求强度则说明该地区开发不足，未来应适当强化人类活动的强度，但需要根据区域生态敏感程度予以确定。

（一）指标体系与模型构建

采用空间均衡度用以评价空间供给能力和空间需求强度之间的关系，在参考相关文献基础上，依据科学性、层次性和可操作性等原则，构建评价指标体系（表3-4）。其中，空间供给能力指数（space supply capacity index，SSC）代表资源和环境对于维持地区可持续开发的保障程度，用资源安全指数（resource security index，RS）、交通支撑指数（transportation support index，TS）、生态约束指数（ecological constraints index，EcC）、环境承载指数（environmental carrying index，EC）代表；空间需求强度指数（space demand intensity index，SDI）代表人类社会经济活动的强度、广度以及对资源环境的占用程度，用人口强度指数（population intensity index，PI）、经济强度指数（economic intensity index，EI）、土地强度指数（land intensity index，LI）表示。

表 3-4　供需驱动视角下空间均衡度评价指标体系表

分析层	解释因子层	指标层
空间供给能力指数（SSC）	资源安全指数（RS）	人均可利用土地资源量
		人均可利用水资源量
	交通支撑指数（TS）	公路网密度
		铁路网密度
		区位优势度
	生态约束指数（EcC）	生态重要性
		生态资产价值
		森林植被覆盖程度
	环境承载指数（EC）	二氧化氮排放量
		地质灾害程度
空间需求强度指数（SDI）	人口强度指数（PI）	人口密度
		城镇化率
	经济强度指数（EI）	人均地区生产总值
		地均地区生产总值
	土地强度指数（LI）	建设用地占国土面积比重

空间均衡模型主要是以空间供给能力和空间需求强度的协调关系衡量一个地区人地关系发展状态。为使数据分析更加全面客观，借鉴相关文献成果，综合考虑秦巴山脉地区现实情况，计算空间供给能力指数和空间需求强度指数，通过两者比值得到研究范围内的各区县空间均衡度结果。

方法一对供给能力的引导要素采用指数函数，对约束要素采用对数函数构建计量模型，对需求强度采用几何平均法计算，公式为

$$SSC = e^{\sqrt{RS^2+TS^2}} + \left| \lg \sqrt{ECC^2 + EC^2} \right| \tag{3-4}$$

$$SDI = \sqrt{PI \times EI \times LI} \tag{3-5}$$

方法二采用综合算术平均法和几何平均法构建供给能力与需求强度的计算模型，公式为

$$SSC' = \frac{1}{2}\left(\frac{RS+TS+EcC+EC}{4} + \sqrt[4]{RS \times TS \times EcC \times EC} \right) \tag{3-6}$$

$$SDI' = \frac{1}{2}\left(\frac{PI+EI+LI}{3} + \sqrt[3]{PI \times EI \times LI} \right) \tag{3-7}$$

其中，SSC 和 SSC′分别为两种方法计算的空间供给能力指数；SDI 和 SDI′分别为两

种方法计算的空间需求强度指数；RS、TS、EcC、EC、PI、EI、LI 代表空间供给能力和空间需求强度的解释因子。

综合两种方案的结果，采用空间供给能力指数与空间需求强度指数的比值计算空间均衡度，采用聚类分析法判断地区的空间均衡状态。

$$SE = \frac{SDI + SDI'}{SSC + SSC'} \qquad (3\text{-}8)$$

其中，SE 为空间均衡度指数。

（二）空间供给能力与空间需求强度分析

1. 空间供给能力

秦巴山脉空间供给能力呈现北高南低、中心高于外围的特征。高值区主要出现在秦岭南北两麓、汉江、嘉陵江沿线以及四川、河南部分区县，供给能力指数大多处于 0.72~1.16。这一地区高等级交通干线密集，水资源相对丰富，因此供给能力相对较高，其中地级市的中心城区及周边区县供给水平最高。供给能力低值区主要位于与青藏高原接壤的甘肃地区、四川巴中地区以及河南西部、重庆北部的部分县市，供给能力指数大多小于 0.6，其中甘肃地区主要是交通条件较差，高海拔、高起伏的地形造成水土资源相对有限，尽管生态条件相对较好，但仍处于低供给能力区域，其他地区则由于生态资源条件一般，且人口较多，供给优势不明显。

2. 空间需求强度

秦巴山脉地区的空间需求强度整体不高，呈东高西低、外围高于中心状态。高值区主要位于秦岭北麓、东麓以及四川盆地北部区县，汉江流域在汉中、十堰、襄阳等地级市中心地区呈现高强度开发特征，需求强度指数大多位于 0.2 以上。这是由于这些区域地势相对平坦，区位优势突出，靠近多个国家中心城市，受关中平原、长江中游等多个国家级城镇群的辐射影响，人口、经济在这一区域集聚度高，同时土地开发势头也相对迅猛；而开发需求强度较低的区域主要都位于地形复杂的秦岭、大巴山中部以及与青藏高原接壤的甘肃山区，指数均位于 0.14 以下。

（三）空间均衡匹配特征

空间均衡模型计算结果显示秦巴山脉地区空间均衡度总体较低，且分布极不平衡，总体呈现中部高、外围低的格局。指数最低的区域分布在中部的秦岭、大巴山腹地及西部的陇南山区，匹配均衡度大多低于 0.2；均衡度一般的区县包括南部丘陵区的四川巴中、广元地区，重庆开县、云阳地区以及陕西商洛、湖北十堰地区，均衡度大多处于 0.2~0.5；指数较高的区县主要位于秦巴山脉地区的外围边缘区，尤其是与关中平原、豫东平原邻近的秦巴北麓、东麓地区，均衡指数最高，多大于 0.6。

根据 k 均值聚类（k-means）算法，将秦巴山脉研究范围内的 119 个区县的空间均衡度按等级大小分为五类，考虑到生态保护是秦巴山脉地区的主体功能，因此将合理协调的均衡状态指数标准适当降低，将均衡度指数位于 0.37~0.57 的状态视为协调均衡，指数 > 0.57 的状态视为空间失衡，而当指数 < 0.37 时，从数量关系上看是空间供给能力远低于需求强度，但由于秦巴山脉地区的强生态约束特征以及地形条件限制，不适宜进行高强度、大规模土地开发和人口集聚，因此将其视为低效均衡（表 3-5）。

表 3-5　空间均衡度指数及人地关系状态分级分布分类表

均衡度指数	个数	数量占比	开发状态	人地关系状态
< 0.30	56	47.1%	低需求状态	低效均衡
0.30~0.37	24	20.2%	轻微开发不足	
0.37~0.57	24	20.2%	均衡开发	协调均衡
0.57~0.77	10	8.4%	轻微开发过度	空间失衡
> 0.77	5	4.2%	严重开发过度	

注：表中为经过四舍五入的数据，数据合计可能存在误差

从秦巴山脉地区发展协调度的空间分布特征可以发现，研究范围内大部分区县整体处于低效均衡，极少数区县土地利用协调程度属于过度或者较过度开发，主要分布在研究区北部关中平原、东部豫东平原以及汉江中下游、南部四川盆地等地区，开发不足的区县主要集中在秦岭、大巴山沿线，包括陇南山区与青藏高原交界处以及汉江支流堵河流域沿线。低效均衡和空间失衡又根据程度不同分为低需求状态、轻微开发不足、均衡开发、轻微开发过度、严重开发过度。分析结果显示，五类区县所占比例分别为 47.1%、20.2%、20.2%、8.4% 和 4.2%，由此可以发现秦巴山脉地区人地关系失衡的区县占比较高，低效均衡、协调均衡与空间失衡的区县数量比约为 11：3：2。

二、战略发展分区

根据空间均衡度评价，结合各区县发展战略地位和区位特征，将研究区域共分为生态提升区、创新引领区、发展优化区和综合疏解区四大战略发展分区。

（一）生态提升区

生态提升区生态价值大、生态敏感性高，适于城市开发建设用地较少，交通基础设施较差，而且人口分布较为分散，适宜建设发展用地很难集约高效使用起来。所以位于这部分功能分区的区县，采取的发展策略是：维持目前建设现状，严控生态红线，作为秦巴山脉地区生态主体功能承载核心区，以生态保护为地区

承担的主要责任，逐步将人口向创新引领区和发展优化区迁移。

（二）创新引领区

创新引领区主要为空间均衡指数低的轻微开发不足地区，相较于生态提升区，该区域生态敏感性和生态价值相对较低，同时交通区位条件和地域建设环境较好。因此该区域发展策略是：在保护生态的前提下，加快地方经济发展，适度增加第二产业和第三产业的比重，吸收接纳少部分移民搬迁，增加城市建设用地，提升和完善交通设施。

（三）发展优化区

发展优化区主要包括均衡开发和轻微开发过度地区，该区域经济发展条件较好、交通设施较为完善，生态承载力大于生态提升区和创新引领区。该区域发展策略是：注重生态环境保护和重塑，增加森林覆盖率和植被覆盖度，降低工业生产和居住生活的污染物排放量，注重产业转型，逐步将支柱产业从第二产业调整过渡为第三产业，尽量避免城市建设用地的过度扩展，集约高效使用已开发建设的土地。最终使位于这片区域的区县土地利用均衡度维持在平衡的水准上。

（四）综合疏解区

综合疏解区主要为严重开发过度地区，该区域人口基数大，经济发展水平高，城市建设水平超过地方生态承载水平，部分区县生态环境受到地方发展的影响。该区域发展策略是：适当疏解人口，降低城市建设开发用地，发展绿色产业，降低环境污染水平，修复生态环境，提升环境承载水平。

三、发展策略引导

（一）人口调控策略

保持人口与资源环境平衡是秦巴山脉地区人口空间分布的基本原则。应通过加快城市化、工业化进程，全面促进人口向人居环境适宜、资源环境承载力有余的地区集聚，并按照资源环境状况，将秦巴山脉地区划分为三大区域：人口疏解区、人口限制区和人口集聚区。采取生态补偿、移民搬迁、异地城镇化等方式调控人口，开展合理的空间转移和区外迁出。

1. 秦巴山脉人口疏解区

人口疏解区主要为秦巴山脉地区内资源环境承载力超载、生态脆弱、城市化水平不高且人口密度相对较大、人口与资源环境相对失衡的地区；同时也包括自然环境不适宜人类常年生活和居住的生态敏感区（自然保护区、国家森林公园、国家地质公园、风景名胜区，以及海拔1000m以上的高海拔区域）。秦巴山脉人口疏解区主要包括秦岭南麓、陇南山区、巴山北麓以及丹江口水库和神农架林区周边县市。

本区域内应降低人口密度，引导山区人口逐渐迁出，鼓励人口在区外或发展条件较好的平原区域集聚。最终保证生态敏感区内人口总量大幅度降低，山区部分人口密度降至 90 人/km²。

2. 秦巴山脉人口限制区

人口限制区主要为秦巴山脉腹地内资源环境承载力临界超载，特别是土地资源和水资源临界超载，且继续增加人口将对生态环境造成持续影响的地区，包括秦岭西部的徽成盆地、汉江河谷的汉中盆地、安康月河盆地以及丹江河谷地区的县市。本区域内以保持人口基本稳定、限制人口规模增加为发展导向，通过强化生态保护、限制区域产业用地扩张、优化产业结构、完善公共服务设施等措施，保持区内持续发展。

3. 秦巴山脉人口集聚区

人口聚集区为秦巴山脉地区内人居环境相对较为适宜、资源环境承载力平衡有余的地区，主要为区内平原区、缓坡丘陵地区或建设用地条件较好的大中城市周边，主要包括巴山南麓的广元、达州、巴中以及秦岭北麓、小秦岭区域的县市。本区域内应该积极推进产业集聚，增强人口承载能力，积极吸纳秦巴山脉生态敏感区域内人口集聚。本区域也是秦巴山脉地区内人口城镇化的主要承载区，应通过政策制度改革加快非本地市民的进程。

（二）空间管控策略

在生态文明建设发展理念指导之下，应科学识别地区人地关系现状特征与问题通过创新发展模式，分区域确定发展策略与路径，引导地区形成功能结构清晰、发展导向明确、开发秩序规范，人口、经济与资源环境相互协调，综合效益空间均衡，公共服务和人民生活水平差距不断缩小的空间开发新格局。

1. 生态提升区

1）划定生态保护红线、推进国家公园试点、构建区域生态廊道与保护地网络

通过划定生态保护红线，系统整合现有各级别保护地系统，通过识别生态重要性和生态敏感性因素，确定生态保护的核心保护范围和一般保护范围，制定保护规则和要求；推进国家公园试点，实施最严格的生态保护策略，国家公园内不符合保护和规划要求的各类设施、工矿企业等逐步搬离，实现从粗放型向集约型转变；针对现有自然保护地不连续或与建设空间矛盾的问题，通过新增面状或带状的动物迁徙廊道和植物物种保育廊道以及改善斑块形保护区的生态功能，构建网络化的自然保护地体系。

2）整理城乡建设用地，实施区内外建设用地增减挂钩

积极开展城乡建设用地的空间整理，将片区内的低效开发土地进行清理，探

索跨区域的建设用地增减挂钩的政策和管理模式，通过城乡间、区域间的建设用地增补平衡，将自然保护区、国家公园、风景名胜区范围内的建设用地转移至区外，将人类活动空间压缩和集中在一定范围内。对无法转移整理的山区农村或小城镇建设用地必须在生态安全考量的基础之上合理确定其开发强度阈值。

3）推行生态型、健康化的山地小城镇模式

根据区域要素禀赋和比较优势，聚焦特色产业，夯实产业基础，创建一批生态旅游、广播影视、商贸物流、电子信息、先进制造、科技教育等山地特色小（城）镇，成为产业转型升级、辐射带动农村发展的新载体。强化对小城镇规模的控制，建设空间上尽量集中、集约，布局上强调生态、生产和生活空间的融合与生产、生活资料的全系统循环，可在靠近山地的林地耕地附近设置小规模的绿色加工点、家庭作坊、农副产品集贸市场、电子商务园区等，建设上充分利用地形地貌，将城乡建设对生态环境的干扰降低到最小。

2. 创新引领区

1）有序推动区域产业经济协同发展

全力推动与周边地区的产业、市场一体化，促进经贸合作，依托良好的生态环境优势，推动高技术、总部型生产性服务产业及生态旅游、康养休闲类产业聚集。同时基于相对较高的承载力，积极承接生态敏感区的外迁产业，适度承接周边地区低碳、循环类产业，消除各种制约资源和要素流动的障碍，提高资源配置效率，形成秦巴山脉区域内外产业协同、区域经济一体发展的重要功能区。

2）创新驱动，打造山区生态经济创新示范区

立足市场，积极采取高科技、高效率、高生产力的综合开发方式，探索山区资源利用—转化—再利用的循环经济产业模式，构建绿色循环经济链条，强化产业关键技术研发和先进技术成果在秦巴山区产业发展上的应用。转变经济增长方式，实现由初级产品、粗放经营等依靠消耗资源能源的增长向高科技、低消耗、污染少的增长方式转变。针对秦巴山区传统工业资源利用粗放、精深加工程度不足的现状，着力推动工业循环经济示范工程建设，并逐渐向其他区域推广。持续推进创新驱动、科技升级战略，支持该单元类型区内的企业开展工艺升级、链条延伸、科技研发，推动企业与周边高校、科研机构开展合作，推进关键性技术研发与公共服务平台、行业技术与产业开发平台、产业技术创新战略联盟等建设，构建山区生态经济创新示范区。

3）优化城市发展格局和城镇功能，促进人口合理集聚

有序扩大城市规模，增强城市金融、信息、研发等服务功能，尽快形成辐射带动力强的中心城市，发展壮大县域中心城镇，构建城乡一体化服务网络，推动形成分工协作、优势互补、集约高效的城镇群。适度预留吸纳秦巴山脉腹地和周边地区外来人口空间，完善城市基础设施和公共服务，进一步提高城市的人口承

载能力。通过就业带动、宅基地置换城镇住房、公平享受公共服务等多种途径引导辖区内人口向中心城区和重点镇适度集聚，结合生态移民相关政策，推进周边落后、灾区山区村庄整村搬迁。

3. 发展优化区

1）特色化农林畜药产业集群模式

绿色生态旅游业产业集群，结合互联网、物联网等新的信息技术手段，通过引进绿色农林技术、革新经营组织形式、加强品牌建设和产销平台搭建形成特色化的农林畜药产业集群。延伸农林产业链，开展特色经济林作物、茶、中药材、农产品精深加工，加快培育绿色农产品加工龙头企业，制定绿色农业品生产技术规程和产品质量标准，促进区域绿色农林循环经济发展，形成集绿色农业、有机农业、科技农业、休闲农业于一体的特色化农林畜药产业集群。

2）异地城镇化方式降低人口密度

在推进人口本地城镇化和就业的同时，借鉴国内外人口转移的经验，通过劳动力输出、异地落户等方式引导人口向周边经济较为发达的区域中心城市集聚，如成都、重庆、西安等，在转移方式上，可按照一定的经济梯度和城镇梯度，有步骤、有秩序实现人口的转移，实现转移人口和留存人口人均生产、生活、生态效益的综合提升，促进地区均衡发展。

3）新型城镇化和乡村振兴目标下的全域城乡一体空间模式

重点培育地形条件好、产业基础强的中心小城镇，形成辐射带动周边乡村的经济增长极，突出与周边其他乡村地区加强经济联系，尤其是在区域性乡村道路、作物生产和乡村旅游等板块形成区域一体化，避免横向恶性竞争。在公共设施、基础设施建设和社交网络、公共服务信息平台搭建上要充分考虑城乡间的共享、互通，尝试在生态环境较好的农村地区布局乡村旅游服务基地和生态办公研发基地，推动田园综合体、共享度假小院、互联网创业工坊等新型城乡融合产品建设，促进城乡功能向乡村地区的延伸，释放农村土地和环境生产力。

4. 综合疏解区

1）推动核心技术创新，建设科技创新平台，加快科技与产业融合发展

加大招研引智力度，引进科研机构和创新科研团队，支持国家创新机构、跨国公司设立研发机构，围绕重要领域加快建设重点实验室、公共技术研发和测试平台，组建产业技术创新联盟，推动工业化和信息化融合发展，着力加强战略性新兴产业的创新能力，着力提升依托科技产业融合实现快速发展的能力，全力构建综合创新生态体系，打造创新型经济。

2）优化人口结构，推动城市更新，实施土地整备

树立人口与经济、环境、自然资源紧密关联的大人口观，加强人口布局与产业分布、城市空间布局的联动研究，通过产业和城市空间布局优化调整，带动人口结构的优化。强化对重点更新片区、重大更新项目的引导与监管，保障公共利益的落实，提升城市公共设施的配置能力，提高道路网络等基础设施建设水平。加强土地整备的规划统筹力度，实现土地整备与产业结构转型、公共基础设施建设及民生、环保工程等重大项目落地充分结合，互为促进。

3）发挥区域中心辐射作用，加快产业转移和经济效益共享

要充分发挥区域中心的辐射带头作用，依托产业协作、机制联动的策略，创新共享模式，加快产业转移，使其经济效益和能量惠及秦巴山脉其他地区。依托国家层面重大战略，实现多圈层、跨区域的产能合作，同时降低各种生产要素流动的壁垒，促进生产资源的流动，实现与秦巴山脉所有地区的共同繁荣，提升区域的综合实力和综合竞争力。

第四章

秦巴山脉流域空间统筹战略研究

第一节 秦巴山脉基于流域视角研究的必要性

一、流域是秦巴山脉"山水"特质的最适宜研究单元

我国是一个多山国家,全国约 2/3 的土地、森林、矿产、水能等资源集中于山地地区,山地城镇约占全国所有城镇总量的一半。秦巴山脉地区作为典型的山地地区,近九成(87.9%)的地貌类型为山地,如何从山地特征着手成为秦巴山脉地区研究的重要切入点。秦巴山地作为长江中段上游的水源地和"一江清水供京津"的南水北调中线工程水源地,"水"对于秦巴山脉地区来说战略地位极高。流域作为单元不仅能够保障完整的水文生态功能,更是"水文–生态–社会–经济–城乡"的耦合单元,不同尺度等级的流域单元,因水文的尺度效应而具有各自的完整性与差异性,比行政边界更适合成为"自然生态–社会经济–资源管理–空间规划"的综合研究单元。由此可知,秦巴山脉地区突出的山水特质,使得因山地地形起伏和水文过程而天然形成的汇水单元——流域,成为最适宜的研究对象。

秦巴山脉隶属于长江流域、黄河流域和淮河流域多流域交界。其中,长江流域的支流汉江纵贯秦巴山脉核心东西,汇入南水北调中线工程的水源区——丹江口水库,长江流域的支流嘉陵江自北部发源向南部汇集而注,成为长江流域中段重要的水源地。秦巴山脉地区山水林田湖彼此相系,彼此关联,形成一个网络式连接的有机系统。因而,有必要从山水的完整单元入手,在用地发展布局、环境保护、污染治理等多方面进行统筹和协同,全面合理地推进绿色发展进程。

二、有助于实现秦巴山脉地区的绿色协同

从当前城市发展问题出发,我国流域城市群存在典型的水资源短缺和城市跨界污染问题,在流域内部,城市分别位于水系的上中下游地区,因此水系的上中下游关系也形成了城市群上下游的约束力。上中游城市对水资源的过度利用会导

致下游城市水资源短缺，阻碍下游城市的正常发展，导致"上游引水、中游拦水、下游断水"的局面；同时，上游城市对水环境的污染会直接影响下游城市的水质，束缚下游城市各产业及生活污水的排放量，也就束缚了下游城市的产业发展和城市化规模。在流域水环境承载力和水资源量一定的情况下，流域上下游城市为谋求各自发展，便出现水资源和水环境的争夺和博弈。流域缺乏整体上下游协调方案，使得水污染不能解决，城市发展也走向恶性竞争。

从城市发展进程而言，学者施坚雅以长江流域为对象指出，自古以来就存在流域内核心城市的发展与边缘山地在物质与能量方面的转换关系。国内历史地理学家鲁西奇对汉水流域的研究表明，19世纪汉水流域从下游到上游、从河谷到山区，核心区向边缘地带的过渡层次分明：河谷平原上人口密集，农业发达，交通方便，商贸繁荣，集中了最重要的城市和商业市镇。从河谷向两边扩展，农业生产率越来越低，城镇沿着支流分布，越近源头城镇数量越少，规模也越来越小，交通也越来越困难。在沿河谷的纵深方向上，下游是流域社会经济最发达的地区，随着向上游地区推进，社会经济发展水平逐渐降低。显然，下游平原是19世纪汉水流域的核心区，上中游秦巴山脉地区是边缘地带，而中游南阳盆地等地区则可以看作中间地带；在横切河谷的方向上，河谷平原是核心区，山地是边缘区，而丘陵岗地是中间地带。核心区的城市化是以牺牲周围边缘区城市化的潜在的可能性为代价的。从这个意义上说，核心区城市的发展抑制了边缘区城市的充分发展，体现了流域空间内发展的非均衡性。

正因为流域单元有着典型的"核心–边缘空间结构"和空间发展的非均衡性等特征，亟待从统筹协同的角度展开研究。流域自然功能和社会经济发展具有密不可分的内在联系，但是当前因行政单元的分割，使得流域内各行政区各自为政，条块分割的行政管理体制割裂了流域整体保护，外部性问题以行政区划为单元衍生发展。应从流域整体性出发，以多尺度嵌套流域为研究单元，突破行政分割对生态过程的割裂，平衡各方面的利益，在各行政区域协商的基础上建立跨行政协调关系和运作机制，对流域内自然资源进行合理配置，对城乡发展与产业布局进行合理安排，形成流域总体指导策略，可以极大提高资源的使用效率，是秦巴山脉区域保护与绿色协同发展的重要前提。

三、有助于空间规划与制度管控的衔接落地

《关于全面推行河长制的意见》指出，全面推行河长制是落实绿色发展理念、推进生态文明建设的内在要求。2019~2020年我国将全面建立省、市、县、乡四级河长体系，根据国家部署，启动国土空间规划编制工作，统筹考虑河湖保护因素，河长制面临着与空间规划的全面衔接。

河长制的本质是水环境治理由单一河道治理向流域系统治理转变。问题在水中，根源在岸上，流域生态综合治理，是以流域内生态经济建设为核心，体现资

源保护与开发、治水与治山相结合，在空间规划与制度等层面将流域空间规划与河长制进行结合，兼顾生态治理、河流保护与城市发展等综合目标，有利于发挥河长制的制度优势，打破行政区划的分割，对河湖进行全流域的系统治理。

河长制将流域空间依照行政区域分层、分级，突破了省、市、县、乡四级行政区域的划分，突破了最小行政级别，缩小了基础治理单元，将治理空间压缩至村（居）委会（建制村）、村（居）民小组（自然村）两级自治组织，甚至以百米河道或百米河长为单位划分最小治理单元，实现对流域空间的全方位管控和综合性治理。河长制将治理任务层层发包，通过治理空间压缩重构流域治理体系，河长制使发包逻辑由沿行政级别运作变为沿空间级别运作，体现了流域分层治理的构成要素，是以行政区为单元的流域科层治理机制向以流域区为单元的分层治理机制转变的过渡环节。因其可复制、易推广的特点而在全国各地推广，成功上升为国家政策，迅速扩展到湖泊、森林等治理领域，亟待形成以河长制为结合点，以流域为单位，编制空间规划，统筹保护河湖。

四、流域化绿色人居空间模式具有创新性与示范性

城市–区域人口发展需要适应其所处自然环境条件的约束。自改革开放以来，在流域这一特殊自然区域内，伴随快速工业化与城市化，流域城市群普遍存在为获得经济增长和城市扩张牺牲水资源和水环境的行为，而水资源和水环境被破坏后，将制约城市群的进一步发展，由此导致城市、水资源、水环境三者在流域层面上的不可持续发展。对流域的城市群而言，水环境容量是城市环境容量的基础，水资源决定了城市化的发展速度以及城市和社会经济发展规模。伴随城市人口集聚、工业发展和人们生活方式的转变，城市对水资源的需求量将不断增加，流域水资源与城市规模扩张的矛盾也会加剧。如果忽视水资源、水环境对城市发展的承受能力，流域城市群发展将会走向不可持续之路。

流域管治与协调规划对接，主要明确流域空间与上一层次空间、周边区域空间的协调，以及流域空间内部不同层次区域空间的协调。协调的重点是基础设施的共建共享和生态环境建设。流域城镇化与城市发展布局规划相结合，综合考虑空间准入性与发展时序。依据空间开发的生态适应性、空间保护的特殊要求以及开发利用价值等，综合确定空间开发利用的力度。对不同开发力度的空间，提供不同的开发准入条件，确保空间开发与保护的平衡。空间发展时序主要依据空间开发的时效要求和开发条件差异，以保证流域空间开发利用的有序性，避免遍地开花造成可建设空间资源的浪费。

2018 年自然资源部成立以来，着力统筹山水林田湖草系统治理，建立全新的国土空间规划制度，形成自上而下系统完善的全域空间管控体系。流域单元正是

一种从国土到建设单元全域覆盖的多尺度嵌套体系，一方面，能够适应于全域全要素覆盖的基本要求，体现生态与水文过程的完整性；另一方面，有利于尺度转换间的规划管控落地。我国的流域规划虽开启时间较早，但多侧重长江、珠江等大尺度水文治理和宏观战略规划，与空间规划未能有效衔接，落地指导性不足，在空间目标传导机制、指标落地等层面，还未形成有效的空间管控体系。基于多尺度流域嵌套单元的绿色人居空间引导模式在空间规划体系重构背景下，具有创新性与示范意义。

第二节　秦巴多尺度流域等级体系构建与策略研究

一、多尺度流域等级体系的构建

根据上述分析可知，流域作为具备生态系统完整性的自然地理单元，是开展生态规划更适宜的研究单元，当前不同学科在不同尺度层级对于流域单元的划分和与生态规划结合的研究探讨，在系统衔接与管控落地方面较为薄弱，亟待整合。

当前对于流域尺度的划分，并没有明确的标准。我国流域相关规划主要在宏观尺度的流域战略规划和小尺度水土保持与小流域治理工作中展开。宏观层面的流域规划更注重水资源、基础设施、经济发展等方面的流域整合，以流域为基础编制了长江、珠江等多个大尺度的流域规划，但其侧重于水利工程建设与流域水文治理，多年来与城市规划、土地利用规划等国土空间规划未能有效衔接，导致流域规划的空间指导性不足。而小尺度层面水土保持与小流域治理往往注重小流域（30km²）及其以下层级的划分，小流域一般不超过50km²，与大尺度流域规划在体系、内容、尺度衔接等方面都缺少联系。

国外许多国家均已构建起层级清晰、系统完备的流域等级体系，用于水质监测、水污染治理及生态补偿等。以美国为例，流域规划主要从流域、次流域、小流域、次小流域和集水区五个尺度层级展开（表4-1），是本次划定秦巴山脉地区多尺度层级的重要参考。

表 4-1　美国流域规划中对于不同尺度范围界定的参考值

流域单元	对应地理空间	流域面积/km²
流域	区域	2 500~25 000
次流域	区段	250~2 500
小流域	地段	80~250
次小流域	街区	1~80
集水区	地块	0.1~1

　　本次秦巴山脉地区多尺度流域体系框架的建立，旨在通过多尺度流域的嵌套关系，建立从宏观规划到微观落地逐级管控引导的体系（图4-1）。基于多尺度流域嵌套体系的构建，一方面注重协同性，即要加强下级流域在上级流域范围内的统筹，另一方面强调逐级管控与引导。流域单元的划分，一方面参考美国多尺度流域规划的相关划定依据，另一方面，结合地域特点，综合考虑流域间与流域内部的协同目的，以及流域单元与行政管控单元的联系，最终构建出三级流域嵌套体系，分别与省市、区县、镇村三个层级对应（表4-2）。

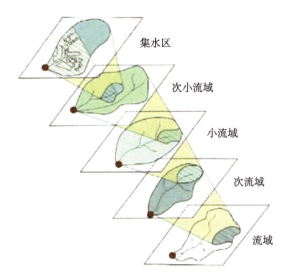

集水区

次小流域

小流域

次流域

流域

图 4-1　秦巴山脉多尺度流域嵌套层级模式图

表 4-2　秦巴山脉地区多尺度流域嵌套体系构建

级别	研究尺度与功能	划分依据	对应河流	尺度/km^2	对应等级
一级	宏观尺度流域统筹	全国一级至五级河流及流域数据集	汉江、嘉陵江及其二级支流，如丹江、白龙江、涪江、长白河等	10^4~10^6	省市
二级	中观尺度流域管控	基于 ArcGIS 的水文模块，在一级流域基础上进行细分、编码	上级河流的支流，如丹江支流老鹳河、银花河等	10^3~10^4	区县
三级	微观尺度流域导控	基于 ArcGIS 的水文模块，在中观流域基础上，进一步细分、编码	上级河流的支流及其毛细支流	10~10^3	镇村

二、秦巴山脉核心区多尺度流域嵌套单元划分

　　将秦巴山脉地区和国家十大流域进行叠加，可知目前秦巴山脉核心区主要涉及三大河流流域——长江流域、黄河流域、淮河流域。秦巴山脉核心区主要位于

长江流域中段上游部分，起到承接三江源清洁水源和中段重要水源涵养与运输的功能。长江流域作为秦巴山脉核心区最主要的水资源功能区，占据了研究区 78% 的面积，从国土视角切入有助于进一步聚焦秦巴山脉核心区的功能价值。应站在长江经济带和南水北调中线工程的角度定位秦巴山脉核心区的生态支撑与水源涵养价值，并整体性分析与评判秦巴城镇群与长江流域城镇群的联动关系，以及与京津冀的生态价值输送等关键议题。

（一）一级流域单元——宏观统筹单元

将秦巴山脉核心区与一级河流的下一层级流域，即中国二级流域进行叠加，可以得出，秦巴山脉核心区主要由长江支流汉江与嘉陵江的中上游区域构成，汉江流域占据核心区面积的 36%，嘉陵江流域占据了 34%，宜宾至宜昌段和宜昌至湖口段只有少部分涉及（共计 8%）。其他主要为黄河流域中段的各次级流域，如龙羊峡至兰州（4%）、龙门至三门峡（11%）及三门峡至花园口段（5%）。较少涉及淮河流域的王家坝至洪泽湖出口段（2%）。

一级流域作为宏观统筹单元，需站在流域角度重新审视城乡关系，在大河流域层面（即中国十大流域，如长江和黄河流域），强调其上中下游的战略协同。秦巴山脉地区位于长江中段上游水源区和黄河流域中段水源区及生态功能区，需站在大河流域视角下进行秦巴与周边城市群的生态保护、水资源与水质水量、城乡发展等多个维度的战略统筹，从流域视角优化区域城乡结构。

对于秦巴核心区主要组成流域（如汉江流域和嘉陵江流域），在充分认识到流域整体性和联动性的基础上，应积极促进流域整体性协同发展，统筹各地生态保护、基础设施建设、城乡发展、人口调控、产业布局与水污染治理等方面，做到整体性与系统性统筹，在此基础上，更加侧重流域内各城市间的协同互促。

（二）二级流域单元——中观管控单元

二级流域的划分以一级流域为参照，选取其主要支流，基于 ArcGIS 平台的水文分析模块进行具体划分。采用普法夫施泰特（Pfafstetter）河流编码体系进行命名。以汉江流域为例，其二级流域划分结果共计 32 个，涉及陕西、河南、湖北三省，最小流域面积为 $1187.85km^2$，最大流域面积为 $10\,752.35km^2$，平均流域面积为 $4400.69km^2$。

二级流域作为中观管控单元，在一级流域与统筹的基础上，加强其内部各子流域单元在城乡规模与人口调控、生态空间布局等方面的有效协同。从水文的上游、中游等角度入手开展流域产业布局与流域单元的内部协同联系的梳理，着力形成流域城镇一体化发展。同时，为下一层级微观导控单元奠定依据。

（三）三级流域单元——微观导控单元

三级流域的划分以二级流域河流的支流为参照，基于 ArcGIS 平台的水文分析模块进行具体划分，采用 Pfafstetter 河流编码体系进行命名。丹江支流老灌河流域的划分结果共计 85 个，最小流域面积为 40.67km²，最大流域面积为 629.86km²，平均流域面积为 189.83km²。

三级流域作为微观导控单元，旨在面向各毛细末梢型流域单元，开展小流域乡村聚落空间演变特征与集聚模式的识别，探究其在绿色发展导向下的乡村聚落流域化集聚优化策略和图则式引导方法。

三、基于流域等级体系划分的城乡空间发展策略

（一）宏观层面基于流域协同的城乡结构优化

以生态安全格局保护为基础，强化流域地貌水文特征与城乡空间发展的耦合关系，合理引导人口流动和产业集聚，积极促进环秦巴山脉区域协同发展，构建"一芯四核、一环两脉多点"的城乡一体空间结构。

"一芯"是指秦巴生态核心，以秦岭、大巴山主要山脉及生物资源连绵分布区为主的生态核心区。

"四核"是指秦巴山脉地区主要的四个国家公园，主要依托现有生态资源构建大熊猫国家公园、秦岭国家公园、伏牛山国家地质公园和神农架国家公园。

"一环"是指紧邻秦巴山脉核心区的环状布局的城市群，是承接秦巴山脉核心区城乡与人口疏解的区域，包括宝鸡、渭南、三门峡、洛阳、平顶山、南阳、老河口、襄阳、南充、绵阳、合作、定西、天水等城市。

"两脉"是指以生态保护为前提，顺应地貌水文特征，以秦巴山脉区域两大核心流域嘉陵江流域、汉江流域为对象，以嘉陵江、汉江为主脉，加强流域协同与互动，促进流域绿色城镇化健康发展。引导秦巴山脉核心区内部城乡人口和绿色循环产业向巴山南麓、秦岭东部区域聚集。依托军工科技、矿产资源、土地资源优势，重点发展新能源、矿产品精深加工、新材料、电子信息、轻纺、食品加工，建成大巴山南麓与小秦岭区域的城镇重点发展区。

"多点"是指沿两大河流沿线的主要节点型城市，如陇南、广元、巴中、达州、汉中、安康、商洛、十堰、丹江口等节点城市。

（二）中观层面类型导向的绿色城乡模式深化与管控

在一期研究的"全绿–深绿–中绿–浅绿"模式基础上，以多尺度流域嵌套单元划分为基础进行深化，通过从流域整体视角入手对子流域单元的协同和管控，有助于将宏观战略逐级传导和落地。

在一级流域层次，如汉江流域尺度，以"三区一网"为重点，基于生态基底、资源环境承载力与国土开发适宜性，结合流域上中下游的协同特点，开展以流域为单元的三区划定。基于宏观流域尺度开展生态网络规划。

在二级流域层级，如汉江支流丹江流域，结合内部各小流域单元，开展以"五线一单"为重点的生态管控研究，通过生态保护红线、永久基本农田、城镇开发边界、环境质量底线、资源利用上线和环境准入负面清单，实现对上层生态管控的"定界、定量、定质、定向"落实。

在三级流域层级，如丹江流域的老灌河小流域，以"三控一落地"为重点，开展生态空间管控、生态质量动态监控、河流断面水质监控、生态保护与修复措施等，强化上层保护的切实落地。

基于以上在宏观、中观、微观三个尺度层级的生态空间逐级落位，以三级流域单元为对象，根据生态空间在三级流域单元内的占比进行类型划分，可以分为以下四种类型。

1. 全绿单元——最严格保护

该子流域单元位于较高起伏山地，流域的上游区域，生态价值高，水源涵养重要性强，生态战略地位突出，应实施最严格的生态保护与限制开发，流域单元内原则上禁止城乡的进一步发展，现有村落及居民点逐步搬迁。单元内以生态修复为主，进一步提升森林覆盖率，进行水土流失整治，进一步明确生态措施的空间落位，定期核查其生态质量变化动态。各全绿单元定期检测河流水质断面，确保水质控制在Ⅱ级以上。

2. 深绿单元——严格保护

一般位于较高起伏山地，生态重要性与水文重要性高，必须实施严格保护，限制开发，将保护和恢复生态环境系统作为第一要务，因其往往处于水系的上游或具有战略意义的位置，是水文敏感区域，应强化保护。严禁不符合区域功能定位的各种开发建设行为，尽可能开展人口疏解，以减少人类活动对生态水文产生的影响，控制城乡规模与等级，充分考虑用地布局对生态水文过程的干扰。疏解工业，加快飞地型工业外移，以绿色低影响产业布局为主，在环境承载力范围内发展生态型、绿色型产业。加强生态空间管控，明确生态措施的空间落位，定期检测河流水质断面，确保水质控制在Ⅱ级以上。

3. 中绿单元——适度保护

该区域生态重要性弱于全绿单元与深绿单元，面临潜在的生态环境威胁，因而以加强生态修复为主，水文重要性较高，应避免城乡建设对生态与水文过程的进一步影响，其空间开发应以集约发展、优化提升为主，加快推进产业升级和布局优化，减小环境压力，改善环境质量。此区域建议应进行人口控制，避免过度发展对环境产生更多压迫。城乡建设应注重对自然过程的充分尊重。产业同样以绿色低影响产业布局为主，在环境承载力范围内进行景观农业、观光旅游等生态经济和相关产业的发展，严禁不符合区域功能定位的各种开发建设行为，应在充分考虑资源环境承载力的前提下，统筹城乡空间，调整产业结构，转型绿色发展。加强生态空间管控，明确生态措施的空间落位，适当布局环境整治类设施，以确保定期河流水质断面监测结果不低于Ⅱ级。

4. 浅绿单元——适度发展

该次小流域单元一般位于下游区域，已具备一定的城乡发展基础，生态敏感性相对较低，为城乡空间集约布局的潜力地区，适合进行一定程度的开发，但应注重对战略性生态空间及生态整体连续性的保障，城乡建设应避免对水文过程产生明显影响，此区域可适当引导人口集聚，增强产业和人口集聚能力，提升城市化水平。城乡建设应注重对自然过程的充分尊重，加强对河流水质的监控与集中治理。以集约发展、优化提升为主，加快推进产业升级和布局优化，增强创新能力，减小环境压力，改善环境质量，避免对生态与水文过程产生明显影响，在开发的基础上，注重对战略性生态空间的重点保护，保持生态过程的连续性，加强环境整治类设施的布局，以确保河流水质断面监测不低于Ⅱ级。

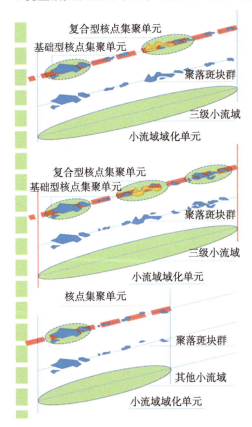

图 4-2　小流域乡村聚落域化体系

（三）微观层面绿色发展导向下的乡村聚落流域化集聚优化策略

基于小流域内聚落的发展集聚分析，以及关键问题的剖析，研究提出以空间合理集聚为目标、生境全域管控为导向的，以"重点发展优化型""特色提升培育型""生态还原疏导型"小流域域化单元；"消解型""优化型"核点集聚单元为主体的点轴双控策略，具体如下。

1. 不同流域体系化统筹协调的优化

体系化优化应是在考虑行政关联的基础上，更多强调"社会—生态为本底、斑块集群为基础、产居关联为核心、协同发展为导向"的小流域乡村聚落域化体系（图 4-2）的优化；是既要考虑"超越纯粹自然限制"，又要考虑"彻底回归自然极化现象"的系统化体系优化；是既要强化"流域内聚落有机增减"，又要考虑"流域间联通隔离"的区域化体系优化。

该体系化是一个以三级小流域为主要载体、二级及其他小流域为补充的域化体系；是包含"上位流域（五级及四级流域，本节主要指乾佑河流域柞水段）—小流域域化单元（三级及二级流域）—小流域核点集聚单元—小流域聚落斑块"四个层级的体系营建。未来的空间优化应是在此基础上，根据综合评价，进行小流域动态转换分析，按照"重点发展优化型""特色提升培育型""生态还原疏导型"提出具体的发展策略，进而展开具体单元的优化管控。

2. 生存环境全域化保护还原的优化

在上位规划允许建设的区域内，从纯生态保护的角度出发，显然不是重点，"社会–生态"的双向耦合才是发展的核心，而且，对于多数流域而言，已经属于聚落衰退阶段，因此社会因素显得尤为重要，在保证基本"生态优先"的原则上，生态保护、生态景观也需考虑一定的社会发展、社会需求的目标。

无论是利益的因素、还是生活方式的选择，小流域所依托的山水关系，是其最基本的，但却丰富的生活基础，它们是实现外来者想要观赏、愿意在这里留宿，为村民收益做出付出的重要依托。

所以，在具体的研究中，在人们日常生活的"生态重要区"定义的流域范围内，对不同小流域内进行选择，不仅从生态的角度，更需从生存环境彰显、自然原生态环境体现的角度进行考虑，结合产业发展趋势，结合区位优势等众多因素进行统筹协调。

并在此基础上，通过生态移民补偿，适宜的流动迁居鼓励、农业景观维护等措施，减少不必要的公共配给与建设，实现高效集约、社会关联强化的建设目标，实现社会–生态和谐统一的目标建构。

3. 核点集聚流域化协同管控的优化

小流域乡村聚落的集聚，虽然已经表现出了不同集聚特征、模式，但是根据相关的 PSR（pressure-state-response，压力–状态–响应）可持续发展评价，这些核点集聚区域，可以划分为不健康的核点集聚区域、临界核点集聚区域、亚健康的核点集聚区域，其中不健康的核点集聚区域，则原则上应被弱化，或者逐渐引导消解点，无须进行针对性的管控；而临界核点集聚区域，则意味着该区域当前阶段发展建设虽然并不理想，但已经具有成为较好核点集聚单元的可能；或者已经是核点集聚单元，但很有可能被消解，故可以定义为优化型核点集聚单元与消解型核点集聚单元，需要进行单独管控，应根据具体的特征、条件进行专门的管控引导；而亚健康的小流域核点集聚区域，同样属于优化型核点集聚单元，只是程度、阶段、问题不同，所以更需要特殊的管控与引导。

所以，小流域核点集聚区域可以划分为不健康核点集聚区域、消解型核点集聚单元与优化型核点集聚单元，而优化型核点集聚单元又可以划分为增长型、调整型核点集聚单元。消解型核点集聚单元，应注意其动态性的管控，而优化型核点集聚单元，无论是具体哪一种，都需在考虑长久发展的基础上，在产业合理引导的条件下，分别通过场域显化、集约优化、复合深化的措施来进一步实现该核点集聚单元的空间优化。

第三节　典型流域实证案例

丹江流域位于秦巴山脉核心区东部，丹江作为汉江最大的一级支流，直接汇入丹江口水库，位于南水北调中线工程水源区的核心保护区，流域范围涉及陕西、河南和湖北三省。以丹江流域为实证研究对象，落实流域城镇空间策略及绿色协同模式，具有重要的指导意义。

一、丹江流域类型导向的绿色城乡模式深化与管控

（一）丹江流域选取的重要性论证

1. 丹江流域水安全战略意义显著

南水北调工程是实现我国水资源优化配置、促进经济社会可持续发展、保障和改善民生的重大战略性基础建设，受益人口达四亿人。丹江口水库作为亚洲第一大人工淡水湖，是南水北调中线工程的水源地，是国家一级水源保护区。保护好丹江流域的生态环境，确保丹江水水质达到规划的保护目标，为京津冀豫等地供上优质秦岭南麓水，这不仅仅是丹江流经区域的生态环境保护问题，而且是一个涉及国家发展、改善民生的重大政治问题。

丹江是汉江流域汇入丹江口水库主要支流中，流域面积最大、汇流长度最长的河流。丹江口水库湖北与河南境内每年入库水量，70%来自汉江与丹江，而其中丹江占10%，且丹江直接汇入湖北境内的丹江口水库，战略意义更强。《丹江口库区及上游水污染防治和水土保持"十三五"规划》，明确了南水北调中线水源区各分区范围与保护类型，总体划分为水源地安全保障区、水质影响控制区、水源涵养生态建设区，丹江流域占据了保护等级最高的水源地安全保障区的50%以上，具有极其显著的水安全战略意义。

2. 丹江流域生态网络连通性战略意义突出

根据本书"秦巴山脉生态价值评估及保护发展战略研究"课题组研究所得秦巴山脉核心区生态安全格局图可知，丹江流域位于秦巴中部绿心与东部绿斑的战略连接廊道区域；根据"秦巴山脉国家中央公园体系发展战略研究"课题组对于秦巴山脉地区保护地体系的初步构建同样可知，丹江流域是秦巴自然保护地体系

中紧密联系着秦巴核心生态斑块与东部斑块的重要连通区域，是潜在生态廊道通过的区域，生态战略意义突出。

3. 丹江流域城乡发展趋势明显，潜在受影响程度大

丹江流域作为秦岭山地与平原过渡的区域，受秦巴周边城镇集聚区辐射力度相对较大，相对秦巴山地绿心区域，城市开发条件有一定的优势，且目前城镇化率大多集中在 30%~50% 这一快速发展区间，未来城市发展需求与城市化趋势明显，发展意愿强烈，按传统发展模式势必对水源保护带来更大压力。目前丹江流域作为直接汇入丹江口水库的河流和南水北调核心水源保护区，未来受内部及周边城市发展的潜在影响程度较大。

当前丹江流域已存在一定的污染情况，未来要同步实现调水工程长期稳定运行和水源区的全面发展，亟待加快转变发展方式，大力推进绿色转型，促进经济社会与生态环境协调持续发展。

4. 城乡现状等级与量级较小、可控性较强

丹江流域涉及陕西、河南、湖北三省共五个地级市，分别为洛阳市、南阳市、三门峡市、商洛市、十堰市，各地市流域面积占比分别为 2.06%、35.77%、6.96%、46.66%、8.55%。从中可以看出，流域面积占比较大的地级市为南阳市和商洛市。从丹江流域涉及的 12 个市（区）县来看，与流域嵌套面积占行政面积 70% 以上的有五个市（区）县单元，分别为商州区（82.74%）、丹凤县（96.13%）、商南县（97.50%）、淅川县（89.82%）、西峡县（90.49%），流域范围内主要涉及的市（区）单元仅有商洛市，其他均为县级。因而，丹江流域涉及的城乡等级相对较低。从城乡规模来看，据估算 2017 年末丹江流域人口约为 43.26 万，人口密度约为 25 人/km^2，年人均地区生产总值仅约为 36 825 元。与全国平均水平相比（2017 年中国人口密度约为 144 人/km^2，人均 GDP 约为 5.92 万元），无论是人口分布还是人均地区生产总值，均相对较小。这表明丹江流域人口总量较小且分布松散，社会经济发展水平仍相对较低，可控性与操作性相对较强。

5. 丹江流域跨区特征明显，示范性作用强

丹江流域不仅是秦巴核心区范围内汉江流域的最大子流域，也是丹江口水库以上汉江流域各子流域中，唯一地跨三省五市的"交界型"流域，且相对而言面积适中、可控性强，是跨流域研究开展较为理想的单元。基于流域统筹视角开展的针对性研究对秦巴山脉地区其他跨流域、跨区域的研究具有典型示范意义。

（二）丹江流域概况与特征

1. 自然环境特征

丹江，古称丹水、粉青江、黑江，是长江中游北侧汉江最长的一条支流。丹

江发源于秦岭地区（陕西省商洛市西北部）的凤凰山南麓，途经商洛市商州区、丹凤县、商南县，于荆紫关附近（商南县汪家店乡月亮湾）出陕西境进入河南省淅川县，向南在湖北省注入丹江口水库。丹江流域整体地形从 2000m 以上的中高起伏山地过渡到低山、丘陵及平原湖泊，地形起伏较大。主要水系为丹江干流，其中，老灌河、银花河、滔河、淇河、武关河、南秦河等是其主要支流。

自然地理：丹江流域面积为 16 812km²，干流全长 287km，其中陕西省境内长 243.5km，控制面积为 756 km²，年径流量为 14.58 亿 m³，平均含沙量为 4.73kg/m³，年输沙模数为 912t/km²，年输沙量为 689.6 万 t。

水文地质：丹江是汉江最大的一级支流，方向自西北向东南方向而去，地势东低西高。丹江流域由于降水量与地形高度有关，地形高度越高，则降水量也越大，因此山区降水量较大且暴雨居多，降水分布不均，丹江流域年降水量分配不均匀，每年的 12 月至次年的 2 月降水量极少，而每年的 7~9 月为多雨季节，其降雨量约占全年降水总量一半。总体来说，丹江流域是暴雨居多的地区，而且具有集中、量大、面广、历时长的特点，主要集中在 7~9 月，尤以 7 月中旬至 8 月下旬为最大。

地形地貌：丹江流域内群山连绵、沟壑纵横，是以中低山为主的土石山区，地貌是山岭沟谷相间，山势结构形如手掌，流域内群山起伏，河流密布，岭谷相间，沟壑交织复杂，且境内的褶皱系断裂颇为复杂，广泛发育着各种复式褶皱，岩石主要有变质砂岩、片麻岩类、石灰岩、花岗岩等，而且由于土质松散，抗冲力差，故流域内多发生泥石流、洪涝灾害等。

自然灾害：丹江流域属自然灾害多发区，主要的自然灾害有旱灾，洪涝灾害，滑坡、泥石流灾害，风雹灾害等，具体如下。

（1）旱灾。旱灾是该流域的主要自然灾害之一，表现在干旱发生的次数多、持续时间长、影响范围大等。旱灾最严重的是伏旱，其次是秋旱和夏旱，严重影响到农业生产、城乡居民饮水等方面，造成粮食作物、经济作物大幅度减产，使得丹江流域内生活困难人口增加。

（2）洪涝灾害。洪涝灾害发生的频率较高，多发生在 5~10 月，为暴雨和连阴雨造成，夏季最多，秋季次之，具有波及范围广，来势凶猛，破坏性极大的特点。根据降水强度和持续时间，洪涝灾害可以分为洪灾和涝灾。洪灾是指在短时间内强度大的降雨或暴雨造成山洪暴发或河水陡涨；涝灾则是指长时间，一般为七天以上的连续性降水或由暴雨造成的水涝灾。暴雨等造成的滑坡、泥石流等，造成人员伤亡，并且淹没房屋及庄稼，造成了极大的经济损失，严重影响了区域内人们正常的生产和生活；除此之外，还会对国家社会公共财产诸如公路、工厂、变电站等设施造成损害，造成了巨大的经济损失。

（3）滑坡、泥石流灾害。丹江流域内地形陡峻、活动大断裂发育的深、中切河谷地带上的斜坡极不稳定，断裂发育，岩体软弱，边坡稳定性差，表土较易受到侵蚀，物质移动快，因此容易发生滑坡、泥石流等灾害。而又迫于人口的压力，在该流域内，许多乡镇都建设在滑坡体上，这严重地威胁着当地居民的生活和生产安全。丹江流域内滑坡、泥石流等造成水土流失，一方面，流失的土等杂质进入丹江流域，造成污染，无法保证水源地的优良水质；另一方面，滑坡、坍塌的土、石等会造成道路的堵塞，从而影响交通。

（4）风雹灾害。风雹灾害包括了风灾和冰雹灾两类灾害。风灾指大风风速达到或超过17m/s或风力大于或等于八级时对农作物、房屋等造成的灾害；冰雹灾虽然出现的时间短，影响范围一般也小，但其对农作物造成的危害却较大。

2. 生态环境问题

丹江流域生态破坏的原因包括两个方面的因素：一是自然因素，即由生态系统自身的脆弱性造成的，这方面的因素主要包括暴雨、洪水等自然灾害，以及滑坡、坍塌等，而自然因素又是造成水土流失发生的潜在因素；二是人为因素，即受到人类不合理的开发利用的影响，人类乱砍滥伐及人畜粪便的随意排放，超过了生态系统的承载力，造成的污染是水土流失发生、发展的主导因素。

（1）自然因素。流域内洪涝、暴雨、雪灾等自然灾害频繁，森林覆盖率降低，森林拦截洪水能力日益衰减，抗灾减灾能力逐渐降低，导致水土流失加重，水源的涵养能力降低，从而使得生态环境更加恶化，反过来又导致自然灾害的更加频繁地发生，因此进入了恶性循环。

（2）人为因素。造成丹江流域生态破坏的人为因素主要包括工业废水、生活污水的排放和农药、粪便等的污染。

第一，由于经济比较落后，工业企业生产比较落后，耗水量较大，而且产生的工业废水也较多，另外由于矿产资源丰富，因此采矿企业较多，在采矿过程中没有采取有效的措施来防止生态破坏，从而破坏原生地貌和植被，排放尾矿渣，加剧了人为的生态破坏。

第二，农业生产过程中，为了增加粮食产量而大量地使用农药和化肥，再加之人类日常生活中产生的生活垃圾和人畜产生的粪便的随意排放等，形成了面源污染。

第三，流域内人类为了增加粮食产量，大规模毁林、毁草造田，乱砍滥伐，用于取暖、做饭等，过度放牧、过度开垦等，造成了植被的破坏，从而造成了生态破坏。

3. 城乡发展特征

丹江流域是典型的跨行政区流域单元。在省域层面分别跨陕西、河南和湖北三省。涉及地市级城市5个，区县级12个，乡镇120个，陕西省境内乡镇数量占比达64.2%。流域内村庄数量共计20 980个，其中河南省境内村庄占比最高（表4-3）。

表 4-3 丹江流域所涉及的不同等级的行政区及其数量 单位：个

等级	数量	内容		
省	3	陕西省	河南省	湖北省
市	5	商洛市	三门峡市、洛阳市、南阳市	十堰市
区县	12	商州区、丹凤县、商南县、山阳县、洛南县	卢氏县、栾川县、西峡县、内乡县、淅川县	郧阳区、丹江口市
乡镇	120	77	37	6
村庄	20 980	8 693	9 296	2 991

统计和梳理丹江流域所涉及的各级行政单元的城乡特征（表 4-4），2017 年丹江流域社会经济发展情况如下。

表 4-4 丹江流域所涉及行政单元的城乡特征（2017 年）

省	市	区县	常住人口/万人	面积/km²	常住人口密度/(人/km²)	城镇化率	地区生产总值/亿元	三产比例
陕西省	商洛市	商州区	540 792	2 645	204.5	45.8%	153.5	9.3：45.4：45.3
		丹凤县	264 196	2 407	109.8	55.0%	97.2	11.7：51.1：37.2
		商南县	225 500	2 307	97.7	53%	87.5	14.0：55.0：31.0
		山阳县	428 300	3 531	121.3	54.0%	144.4	13.6：58.5：27.9
		洛南县	449 600	2 833	158.7	45.4%	136.7	16.0：58.0：26.0
湖北省	十堰市	郧阳区	574 400	3 863	148.7	44.7%	100.7	24.8：41.3：33.9
		丹江口市	390 800	3 121	125.2	51.0%	225.1	13.5：50.3：36.2
河南省	南阳市	内乡县	568 100	2 465	230.5	40%	196.1	19.1：47.2：33.7
		淅川县	654 200	2 817	232.2	42%	216.3	17.5：48.1：34.4
		西峡县	439 000	3 453	127.1	59.0%	254.6	11.8：56.5：31.7
	三门峡市	卢氏县	359 012	4 004	89.7	38.2%	91.1	23.9：31.9：44.2
	洛阳市	栾川县	342 823	2 478	138.3	44.5%	164.4	8.7：56.5：34.8

陕西省：①商州区地区生产总值为 153.5 亿元，三次产业构成比例为 9.3：45.4：45.3。初步形成多点支撑、多元带动的产业格局。农业有菌类、中草药等，工业以医药化工、矿产开发、建筑建材、食品加工等为主。②丹凤县地区生产总值为 97.2 亿元，三产比例为 11.7：51.1：37.2。农业以油料、天麻、香菇、木耳、油料、核桃、板栗、油桐籽、花椒为主导，工业产品主要为自来水、果酒、肉类加工、水泥。③商南县地区生产总值为 87.5 亿元，三产比例为 14.0：55.0：31.0。农业以食用菌、畜禽养殖、茶叶和中药材为主导，工业以有色金属冶金、水泥工业、化工业、加工业为主。④山阳县地区生产总值为 144.4 亿元，三产比例为 13.6：58.5：27.9。农业有油料、核桃、板栗、茶叶、油桐籽、花椒等，工业以制药、农产品加工业、冶金、水泥等为主。⑤洛南县全年地区生产总值为 136.7 亿元，三

产比例为 16.0：58.0：26.0，其中，农林牧渔业总产值为 38.9 亿元。农业以油料、烟叶、核桃板栗、花椒等为主。工业以食品加工业、采矿、化工业、非金属矿物制品制造业等为主。

湖北省：①郧阳区，2017 年地区生产总值为 100.7 亿元，三产比例为 24.8：41.3：33.9。农业有油料、烟叶、棉花、中草药、茶叶等，工业以农副产品加工业、医药设备制造业、通用设备制造业、非金属矿物制品制造业、金属冶炼和压延加工业、汽车及零部件制造业等为主。②丹江口市，地区生产总值为 225.1 亿元。三产比例为 13.5：50.3：36.2。农业以油料、花生、烟叶等为主，工业以农产品加工业、纺织业、化工业、冶金等为主。

河南省：①内乡县，2017 年地区生产总值为 196.1 亿元，三产比例为 19.1：47.2：33.7。农业有油料、棉花、烟叶等，工业以新型建材产业、机械电子产业、造纸印刷产业、农副产品加工业为主。②淅川县，全年地区生产总值实现 216.3 亿元，三产比例为 17.5：48.1：34.4。农业有茶叶、油料、中药材、烟叶等，工业以制药业、汽车零部件加工业等为主。③西峡县，全县实现地区生产总值 254.6 亿元，三产比例为 11.8：56.5：31.7。农业以香菇、猕猴桃、山茱萸为代表的特色产业，工业有汽车零部件制造业、中药制药、炼钢及炼钢辅助材料产业、汽车配件铸造产业、农副产品加工业等。④卢氏县，全县地区生产总值完成 91.1 亿元。三产比例为 23.9：31.9：44.2。农业有油料、烟叶等，工业有金属采选业、农副食品加工业、非金属矿物制品业、有色金属冶炼和压延加工业、电力、热力生产和供应业等。⑤栾川县，全年完成地区生产总值 164.4 亿元，三产比例为 8.7：56.5：34.8，农业有油料、棉花、烟叶、蔬菜等，工业有采矿业、冶金业等。

（三）城乡等级体系与流域地貌水系的耦合特征

丹江流域城乡等级体系与地貌水系特征有较强的耦合关系，呈现出"水系等级越高，城乡规模越大"特点。地貌类型由平原到山地低、中、高起伏地貌过渡过程中，城乡空间呈现出分层布局特征。

市级建成区分布在平原台地丘陵和水系等级较高的河道周围；县城多分布在中小起伏山地，毗邻较高等级河道；而乡镇及村落则多沿源头支流呈线性分布，地貌类型也扩展至大起伏山地。

当前，丹江流域涉及地级市 5 个，其中，中心城区落入丹江流域的仅有陕西省商洛市，商州区地貌主要为低海拔冲积洪积平原和部分中海拔黄土梁峁、山地，商州区位于丹江的源头和上游干流流经地区，孕育了如南秦河、银花河、武关河、滔河等较大支流。部分区域落入丹江流域但中心城区位于流域外部的城市有河南省南阳市、三门峡市、洛阳市和湖北省十堰。三门峡市落入部分主要地貌为中海拔中起伏到大起伏山地，洛阳市落入部分主要为中海拔大起伏山地，南阳市落入部分地貌类型多元，从中海拔大起伏渐变至丘陵、台地、平原及湖泊，十堰市落入部分地貌类型为中海拔中起伏至小起伏山地、丘陵。河南省三门峡市和洛阳市落入区域主要为丹江最大支流老灌河及较大支流淇河的发源地；南阳市是老灌河汇入丹江并进一步汇流入丹江口水库的主体空间。

丹江流域涉及 11 个县，其中，中心城区落入丹江流域范围内的有陕西省商洛市丹凤县和商南县，以及河南省的西峡县和淅川县。陕西境内两县地貌为低海拔小起伏山地、丘陵至中海拔中起伏山地，河南两县地貌特征为低海拔冲积洪积平原，从水文角度而言，分别对应丹江干流、支流县河和丹江最大的支流老灌河。中心城区未落入丹江流域的区县有：陕西省山阳县、洛南县，河南省内乡县、卢氏县、栾川县，湖北省郧阳区、丹江口市。山阳县地貌类型为山地中、小起伏山地，对应丹江上游较大支流银花河；卢氏县、栾川县主要地貌为大起伏、中起伏山地，对应丹江流域最大支流老灌河的河源地带；郧阳区落入部分主要为中海拔中起伏至小起伏山地，对应丹江支流滔河；丹江口市落入部分主要为低海拔丘陵和小起伏山地，对应直接汇入丹江口水库的部分支流和丹江口水库汇入汉江的河段。

丹江流域涉及乡镇 120 个，其中位于陕西省境内乡镇 77 个，占比 64.2%，河南省境内 37 个，占比 30.8%；湖北省境内 6 个，占比 5%。平原地貌村落分布较为密集，沿水系多个乡镇呈线性串珠状分布。丘陵及中低起伏山地，村落多分布在丹江支流，同样沿河流廊道分布，但形式上较为松散，二级和三级子流域往往仅有 1 个乡镇分布。乡镇分布受水系影响显著，呈现较为明显的沿着丹江及汇入其中的支流线性分布特征，部分乡镇沿较大一级支流的支流分布。

丹江流域涉及村庄 20 980 个，其中，位于陕西省境内村庄 8693 个，占比 41.4%；位于河南省境内村庄 9296 个，占比 44.3%；位于湖北省境内村庄 2991 个，占比 14.3%。高起伏山地村庄分布密度较低，往往沿沟谷水系线性分布；低起伏山地、丘陵等区域呈现沿水系较为平均的分布，平原区村庄呈现团状密集特点，一方面丹江及其较大支流呈现出明显的村庄集聚；另一方面山地村庄多沿低等级水系线性分布。

（四）丹江流域类型导向的流域绿色单元划分

其流域内不同类型绿色单元的分类，以丹江流域作为南水北调中线工程水源地的核心区水敏感性和生态保护为前提，具体来说以生态安全格局为基础，综合水源涵养、城乡规模、人口分布与经济发展水平等多项因子作为分析依据。具体的流域子单元是依据丹江流域 DEM（digital elevation model，数字高程模型）数据，利用 ArcGIS 平台的水文分析模块进行具体划分的，采用 Pfafstetter 河流编码体系进行子流域单元命名。划分结果为"全绿–深绿–中绿–浅绿"四类，共计 85 个，最小流域面积为 40.67km^2，最大流域面积为 629.86km^2，平均流域面积为 189.83km^2。

考虑到未来流域单元管控与行政边界的衔接，将现有单元与行政单元进行了耦合和修正，对于行政边界穿过流域单元内部的，采取将流域单元进一步划分为亚单元进行补充命名（表4-5）。最终形成 111 个流域单元，每个单元内都是相对完整的山水林田湖草生态综合系统。

表 4-5　流域单元划分与行政单元的对应关系

省	市	区县	流域单元数量/个
陕西省	商洛市	丹凤县	13
		洛南县	2
		山阳县	3
		商南县	17
		商州区	12
河南省	三门峡市	卢氏县	7
	洛阳市	栾川县	1
	南阳市	内乡县	2
		西峡县	24
		淅川县	21
湖北省	十堰市	郧阳区	6
		丹江口市	3

（五）"全绿–深绿–中绿–浅绿"单元的流域协同

以丹江流域为整体，以各子流域单元为对象，主要从生态、城乡、产业三个方面开展各子流域单元间的协同。

1. 生态保护——全流域"横向+纵向"生态网络连接与缝合

加强横向连通性，即一方面加强上游水源涵养林的数量与质量，加强丹江流域水源保护区范围内 15°以上坡耕地，全面实施退耕还林还草还湿，纳入省级耕地保有量和基本农田保护指标的调整方案。对石漠化严重地区实行综合治理，实施长江流域防护林体系工程建设，采取封山育林、人工造林、草地建设等植被恢复措施，限制土地过度开发，加强石漠化地区的植被建设，增强水源涵养能力。另一方面加强丹江河流湿地保护与恢复，注重河流水岸的生态修复，提升丹江河流整体生态状况。

加强纵向生态网络缝合，是由于近年来受城镇沿河道集聚和扩张的影响，整体存在大面积绿色基底的"撕裂"和重要河流廊道生态功能弱化等问题。丹江流域处于秦巴山脉大型生态斑块的重要廊道连接区，其网络连通性亟待优化。应注重保障丹江各支流与主河道的连通，以廊道联通与串珠状城镇空间引导为主的"绿色基底缝合"模式进行水系廊道的修复与生态廊道的连接。

2. 城乡管控——基于流域单元类型调控人口规模与城乡结构，加强空间管控与数据监测

首先，根据流域单元特质重构城镇体系规模与结构。以生态保护、水源涵养

与水质保障为前提，基于流域单元的生态水文特质与城乡发展状况，制定丹江流域适宜的城镇规模与城乡结构，重构流域城镇化特征的流域城镇体系。

其次，丹江流域目前整体人口密度适中，其中，密度较高的区域集中在商洛市商州区（204.5 人/km²）、南阳市内乡县（230.5 人/km²）和淅川县（232.2 人/km²），其他区域人口在 90~150 人/km²。根据深绿、中绿与浅绿流域单元的分布和管控，初步建议将深绿单元人口进行疏解，保持在 50~100 人/km²；中绿单元人口进行严格控制，保持在 100~150 人/km²；浅绿单元人口可以适当引导集聚，不应超过 200 人/km²。

再次，应加强引导小流域单元生态空间的优先布局。从国家总体发展战略和南水北调中线工程水源地发展实际出发，协调处理经济发展与生态保护的关系，推动丹江流域的整体规划和统一建设，防止各自为政、零打碎敲、条块分散，切实做到规划一张图、建设一盘棋。打破丹江流域内部行政区划界限，整合区域资源，优化区域经济空间布局，推动区域优势互补、共同发展、互联互动。以小流域为单元开展生态空间优先布局研究，以次级小流域为管控单元，以次级小流域的各集水区为图则单元，落实生态空间的逐层管控与落地。

最后，以流域绿色人居单元为管控单元，针对水质断面、生态质量等开展定期监测，加强反馈机制。以"水"为导向，注重水量、水质、水安全三个方面把控和引导下的城乡可持续发展新模式的探索，减少城乡发展产生的点面源污染，不透水地表等对水文过程的影响。通过以小流域为管控单元，加强对用地布局的调控，加大对流域单元断面水质、生态质量等的定期监测，对各小流域单元定期开展生态质量动态变化评估，作为管控依据；以次小流域作为管控单元，定期对其河流断面进行水量与水质监测，制定相关管控指标与措施；在次小流域单元基础上开展具体的生态设施的布局与落位。

3. 产业优化——以水为核的流域产业协同与绿色升级

应基于丹江流域整体生态水文与产业现状特征进行优化。一方面，以生态保护、水源涵养与水质保障为前提，从全流域角度进行产业统筹协同，促进流域生态水文敏感区工业外移，推进飞地型工业园的布局，梳理流域上中下游各子单元的产业负面清单，以切实保障流域整体性产业布局。在产业负面清单编制中，突出"以水为核心"，实施最严格水资源管理，抓好工业节水，加强城镇节水，发展农业节水，提高用水效率。充分考虑水资源和水环境承载能力，加快调整经济结构和布局，严禁发展高耗水产业，依法依规淘汰现有高耗水行业产能。加大农业产业结构调整力度，转变农业用水方式，大力发展节水农业，切实提高农田灌溉水有效利用系数。突出因地制宜，区分水源涵养、水土保持、防风固沙和生物多样性维护等不同类型重点生态功能区的特点和保护需要，形成更具针对性的负面清单，必要时应明确不同类型产业所适用的具体区域范围，避免"一刀切"。

另一方面，加快引导低影响产业的空间布局，加速产业转型与绿色化，引导低影响产业在适宜的小流域单元进行空间布局，避免产业对生态与水文过程产生消极影响。①利用丹江流域优质的生态条件、良好的区位优势，积极探索养生、养老、医疗、家政、健身、旅游等各种服务业的深度融合和互动发展。②围绕生态文化旅游业、特色生态农业和健康服务产业三大定位，培育一批绿色产业。③统筹流域产业的差异化定位和联动发展，承接周边山区群众就近城镇化。④加快生态文化产业、文化旅游产业、特色生态农业的发展，防止低水平重复建设，形成区域特色明显的产业体系。⑤推进特色生态循环产业发展。大力推进农业供给侧结构性改革，以生态化、标准化、优质化、区域化、特色化、品牌化为方向，加快丹江流域农业结构调整，发展以林果、蔬菜、药材、茶叶、食用菌、草牧、水产（饮）品为主的生态农产品加工业。扩大无公害食品、绿色食品、有机食品生产，促进农业生产经营专业化、标准化、规模化、集约化。⑥完善丹江流域信息基础设施体系与物流配送服务体系建设，大力推进农村电商发展，提高农民收入、促进农民就业。

（六）"全绿-深绿-中绿-浅绿"单元的空间管控

1. 全绿单元——最严格保护

丹江流域全绿单元共计 35 个，占比 31.53%，主要为河流的源头区域，以商洛市洛南县、商州区、丹凤县、商南县、河源区，以及河南省三门峡市卢氏县、洛阳市栾川县和南阳市西峡县河源区为主。全绿单元内重要性生态空间占比极高，自然环境本底优越，多位于高起伏山地和流域的上游区域，是丹江流域重要的水源涵养区域，也是大型生态斑块保留最良好的区域，应实施最严格的生态保护，逐步腾退不符合生态功能保护要求的用地。具体而言，包括以下三个方面管控要求。

1）生态保护与生态修复

生态保护：严格控制人为因素对自然生态和文化自然遗产原真性、完整性的干扰，不得进行与保护、科学研究无关的活动，严禁滥捕乱采和践踏破坏，禁止破坏天然林和自然遗迹，禁止矿产开发。加强单元内秦岭海拔 2600m 以上区域、《陕西省主体功能区规划》确定的秦巴生物多样性生态功能区域和秦岭东段中低山水土保持区域，以及自然保护区、饮用水源地一级和二级保护区、风景名胜区核心景区、森林公园核心景观区和生态保育区、地质公园地质遗迹保护区、湿地公园湿地保育区和恢复重建区、重要湿地河流最高水位以内区域、水产种质资源保护区核心区，以及生态公益林、洪水调蓄区、重要水库、良好湖泊等区域的生态保护。

生态修复：进一步提升该区域的森林覆盖率，开展水土流失整治，明确生态措施的空间落位，定期核查其生态质量变化动态。对于列入国家天然林保护、长江防护林、退耕还林、水土保持等重点生态工程范围内的公益林，坡度在 46°以上的有林地，秦岭山系主梁两侧各 1000m 及其主要支脉两侧各 500m 以内的有林地，郁闭度小于 0.5 的低质低效林地，分布有重点保护树种的地块以及人工造林难度大且有一定数量母树分布的无林地实施封山育林。对列入国家天然林保护工程范围内的天然林和坡度在 46°以上的森林以及秦岭山系主梁两侧各 1000m 及其主要支脉两侧各 500m 以内的森林，严禁采伐。

生物多样性保护：维护森林、草甸、湿地等水源涵养生态系统。努力提高森林植被覆盖率，保护自然生态系统和重要物种栖息地的完整性与连通性，防止生态建设对栖息地的破坏。加强植被恢复，扩大珍稀野生种群数量和栖息地范围。加强野生生物资源保护，保持野生动植物物种和种群平衡，栖息地质量保持稳定。

水质监测：实现全绿单元污染物"零排放"。各全绿单元定期检测河流水质断面，确保水质稳定保持在 II 级以上。除物理与化学指标外，全绿单元内应加强生物指标的定期检测，保障底栖生物的完整性。

水源涵养：以水源涵养林、水土保持林、护岸林为重点，加快中幼林抚育、低效林改造、混交林培育和国家储备林基地建设，优化林分结构，提高林分质量，最大限度地提高水源区的固土保水能力。

2）城乡规模与城乡建设

城乡规模：引导城乡人口向用地条件平坦、交通便捷的中心村或城镇转移，降低小流域单元城乡人口密度；宜通过生态移民、迁村并点的方式逐步引导、整合生态敏感区域及自然灾害频发区域城乡用地退耕还林还草，强化生态治理与修复。

城乡建设：以社区营建方式，进一步完善公共服务职能整合，整治小流域城乡人居环境；对于原址保留型人居点适度拓展山林生态旅游等生态服务功能，促进生态、生产、生活功能深度融合；逐步清除重要生态功能区内已建的与生态功能保护要求无关的建筑物、构筑物，除重大基础设施或公用设施等项目外，原则上禁止城乡建设。

3）产业布局与结构优化

产业布局：落实最为严格的生态保护政策，按照产业负面清单标准，严格限制采矿业、加工业等工业发展；宜在发展现代农业基础上，适度发展山林经济和生态旅游经济，以现代农业＋旅游，打造流域新兴产业。

结构优化：引导城乡三次产业比重逐步向第一产业、第三产业为主发展，禁止第二产业引入，以第一产业为基础，有条件地区适度发展三次产业。

2. 深绿单元——严格保护

深绿单元 37 个，占比 33.33%，主要包括商洛市商州区、山阳县、丹凤县、商南县南部山地区域，以及三门峡市卢氏县、南阳市西峡县，十堰市丹江口市等地。深绿单元重要性生态空间占比较高，一般位于较高起伏山地，同样位于流域的上游区域或重要的水源保护区域和生物多样性保护区域，对于丹江流域水源涵养和水质保障有重要意义。虽然深绿单元自然本地优越，但目前已有一定的开发，导致生态功能有所下降，未来亟待通过生态恢复等手段予以调整。因此，该区域未来应加强受损生态系统的修复，进一步加大自然环境保护力度。原则上该区域应限制进一步发展。具体而言，包括以下三个方面管控要求。

1）生态保护与生态修复

生态保护：严格控制人为因素对自然生态原真性、完整性的干扰，不得损害生态系统的稳定性和完整性，严禁毁林开荒、滥采、滥捕、滥伐等行为。注重保护自然保护区的实验区、种质资源保护区、重要湿地、饮用水水源保护地保护区；风景名胜区、森林公园、地质公园、植物园、国有天然林分布区以及重要水库、湖泊；重点文物保护单位、自然文化遗存；禁止开发区以外，山体海拔1500m至2600m之间的区域。

林地修复：对海拔2600m以下疏林地、宜林荒山荒地实施人工造林或飞播造林，海拔1800m以下集中连片且人工造林有难度的宜林荒山荒地、灌丛地以及不具备封山条件的疏林地实施飞播造林，所需经费纳入林业专项资金统筹安排。提高造林技术标准，选用优质种苗，加强抚育管理，及时补植补造（播），提高成活率和保存率。对区内郁闭度大于等于0.5的有林地、未成林造林地（包括未成林封育地）和覆盖率较大的灌木林地实施人工管护。对水库周围的荒山荒坡，实行退耕还林、荒山造林，营造乔灌草结合的复层水源涵养林。

水土流失控制：进一步提升森林覆盖率，进行水土流失整治，进一步明确生态措施的空间落位，定期核查其生态质量变化动态。加强滑坡、泥石流及开发建设等人为因素造成的山体裸露、滑塌治理，尽快恢复植被。对25°以上坡耕地和15°至25°的水源地坡耕地依法限期逐步退耕还林；鼓励25°以下的坡耕地退耕还林（草），有条件的坡耕地修建梯田，科学确定水平梯田的数量与位置，防止水土流失。通过坡面整治、沟道防护、水土保持林草（包括生态林、经济林果、种草）、疏溪固堤、治塘筑堰等措施，控制和减少水土流失的发生与发展。

矿山修复：对矿产资源开发、削山采石等造成的生态破坏和环境污染，通过植被恢复、工程治理、废物处置和监督管理等措施及时开展恢复治理。按照"整体生态功能恢复"和"景观相似性"原则，宜林则林、宜草则草、宜藤植藤、宜景建景，因地制宜采取切实可行的恢复治理措施，恢复区域整体生态功能。

动物栖息地修复：加强自然生态系统和重要物种栖息地保护，防止开发建设导致栖息环境改变，实现野生动植物的良性循环和永续利用。通过植被恢复、道路优化、生态搬迁、生态移民等手段对受损、退化、破碎化的栖息地进行恢复改造，通过抚育间伐并栽种珍稀动物栖息地乡土树种，恢复其自然生存环境。对集中连片的人工林进行改造，使其逐步恢复成为自然生态系统。

湿地生态系统修复：全面开展湿地保护，对生态地位重要或受严重破坏的自然湿地实施抢救性保护，加快建立一批湿地自然保护区、湿地公园。开展湿地植被恢复工程和对已遭破坏的濒危物种栖息地关键区域的恢复、修复和重建工程。恢复天然水文完整性，改善河道、洪泛区及相关湿地洪水的自然输送；恢复洪泛区、湿地和其他高价值的资源地区。

水质监测：加强对局部已开发区域的污染物排放检测，尽可能降低深绿单元内的污染物排放。定期检测河流水质断面，确保水质控制在Ⅱ级或以上。通过对底栖生物的定期检测，判断河流水质变化与河流的健康情况。

饮用水水源地保护：划定农村集中式饮用水水源地保护区，强化饮用水水源保护区管理，严格一级保护区的隔离防护，开展饮用水水源地规范化建设，依法清理饮用水水源保护区内违法建筑和排污口，加强饮用水水源地环境风险防范和应急预警。

加强农村环境治理：完善农村生活垃圾"村收集、镇转运、县处理"模式，大力推行城乡环卫设施一体化建设，鼓励就地资源化，加快整治"垃圾围村""垃圾围坝"等问题，切实防止城镇垃圾向农村转移。以丹江沿岸为重点，加快推进重点镇和集中搬迁点污水垃圾设施建设，积极推进城镇污水、垃圾处理设施和服务向农村延伸，开展农村厕所无害化改造。开展河道清淤疏浚，加强两岸绿化。

2）城乡规模与城乡建设

城乡规模：控制或保持一般型乡镇或规模较大的城乡人居点人口及建设用地规模，适度发展；对于地势复杂、人口较少或交通不便的村镇宜适度拆迁并点，优化小流域城乡人居空间结构。

城乡建设：流域内开发建设活动尤其是对生态环境影响较大的项目应严格管制，严禁准入，禁止在自然保护区、风景名胜区、森林公园、植物园、重要地质遗迹保护区、重点文物保护区开展商业性勘查、矿产资源开发和与保护无关的生产建设活动；完善流域中小学、幼儿园等基础公共服务设施，适当整合小流域城乡人居空间。

3）产业布局与结构优化

产业布局：鼓励家庭企业等乡镇小微单元借助一定的绿色技术或加工手段，创新生产方式，走可循环的产业发展模式；适当结合现有村镇产业发展现状布局农林畜产品的绿色加工点、家庭作坊、农副产品集贸市场、电子商务园区等；对于距离景区较近、生态环境较好或传统风貌保护较好的村镇引入休闲旅游职能；疏解工业，加快飞地型工业外移，以绿色低影响产业布局为主，在环境承载力范围内进行生态型、绿色型产业发展。

结构优化：引导小流域三次产业比重逐步向第一产业、第二产业、第三产业协同发展，系统构筑第一产业、第二产业、第三产业绿色循环产业链，但仍以第一产业、第三产业为主导。

3. 中绿单元——适度保护

中绿单元 30 个，占比 27.03%，主要分布在商洛市商州区、丹凤县河谷川道建成区域，以及南阳市西峡县、淅川县，十堰市郧阳区等地。中绿单元多因现有城镇发展而导致一定的生态退化和环境问题，其生态重要性弱于全绿与深绿单元，且大多面临潜在的生态环境威胁，因而以加强生态修复为主。实行严格保护下的适度开发，按照"点状开发、面上保护"的原则，因地制宜，在资源环境承载力相对较强的区域，适度开发。具体而言，包括以下三个方面管控要求。

1）生态保护与生态修复

保障生态重要与敏感区域：对于流域水文与生态过程产生重要影响的局部区域加以严格保护，如受威胁的生物栖息地、大型生态廊道、野生动物走廊、河流及其缓冲区、地下水回补区、底栖生物栖息地、河流洪泛区与河岸生物栖息地等。加强受损区生态修复：实施矿山生态环境综合恢复治理工程。修复受损的河岸及生物栖息地；25°以上的坡耕地按计划实行退耕还林（草），加快重点区域造林绿化和小流域综合治理，加强水土保持和地质灾害防治，提高水源涵养能力。严格退耕还林，限制化肥农药的施用强度，控制农业面源污染和水土流失；禁止毁林开荒和陡坡开垦，禁止采矿采砂石。

加强线性与网络化绿化：加快大江大河绿化，建设护岸林，抓好直观坡面绿化，合理搭配树种，提升绿化美化效果；加强交通沿线、产业园区绿化，推动树种配置合理，集中连片建设森林，形成大尺度绿色生态保护空间和连接各生态空间的绿色廊道，构建国土绿化网络。

退耕还林：将具备条件的 25°以上坡耕地、严重沙化耕地和重要水源地 15°至25°坡耕地实施退耕还林还草，形成新的林业空间，从源头上减少水土流失，保护植被，增加森林碳汇；通过小流域治理，在土地资源和水源条件较好的沟道与河谷两侧的川台地，建设高标准基本农田。

加强农业污染治理：转变农业发展方式，实施化肥、农药零增长行动，扩大测土配方施肥在设施农业及蔬菜、果树、茶叶等园艺作物上的应用，基本实现主要农作物测土配方施肥技术全覆盖，集成推广化肥深施等高效施肥技术，不断提高肥料利用率。鼓励开展秸秆还田、种植绿肥、增施有机肥，合理调整施肥结构，引导农民积极施用农家肥，严禁使用禁限农药。

推进养殖污染防治：统筹考虑环境承载能力及畜禽养殖污染防治要求，按照农牧结合、种养平衡的原则，科学规划布局畜禽养殖。推行标准化规模养殖，改进设施养殖工艺，完善技术装备条件，配套建设粪便污水贮存、处理、利用设施，因地制宜推广畜禽粪污综合利用技术模式，规范和引导畜禽养殖场做好废弃物资源化利用，进行健康生态养殖。

2）城乡规模与城乡建设

城乡规模：引导城乡人口和用地布局紧凑集聚发展，防止城乡建设过度蔓延；对于地势复杂、人口较少或交通不便的城乡人居点适度拆迁并点，进一步优化小流域城乡人居空间结构。

城乡建设：划定城镇开发边界和工业开发控制地带，限制大规模工业化、城镇化，禁止无规划地蔓延式扩张；适当提高城乡组团建设密度，引导城乡空间紧凑集约建设；协调流域产业分工，按照园区化、集群化的要求建设，建设循环产业园区及循环物流园区等。

3）产业布局与结构优化

产业布局：协调流域产业分工，按照园区化、集群化的要求建设，建设循环产业园区及循环物流园区等；积极发展绿色工业、现代特色农业，提升种植业和畜禽养殖业的生产水平，大力发展生态农业、有机农业、无公害农业，加强优质农产品基地和高标准农田示范基地建设；坚决杜绝有污染的工业项目进入，严格控制和规范开山采石等露天采矿活动；发展生态产业，建设绿色及有机农业生产基地，发展农业产业化，延伸农业产业链。

结构优化：引导小流域三次产业比重逐步由以第一产业、第二产业为主导，向第一产业、第二产业、第三产业协同发展，系统构筑第一产业、第二产业、第三产业循环产业链，但仍以第二产业比例为主导。

4. 浅绿单元——适度发展

浅绿单元9个，占比8.11%，主要分布在丹江流域中下游，如十堰市郧阳区，南阳市淅川县、内乡县等地。浅绿单元一般位于下游区域，已具备一定的城乡发展基础，生态敏感性相对较低，为城乡空间集约布局的潜力地区，适合进行一定程度的开发，但应注重对战略性生态空间及生态整体连续性的保障。本区域是流域内经济社会发展的重要增长极，具有一定的发展空间。同时，该区域植被破坏和水土流失现象较为严重，滑坡、泥石流、山洪等灾害时有发生，是自然生态环境最易遭受人类活动破坏的区域。具体而言，包括以下三个方面管控要求。

1）生态保护与生态修复

保障战略性生态空间：对于流域水文与生态过程产生重要影响的局部区域加以严格保护，如受威胁的生物栖息地、大型生态廊道、野生动物走廊、河流及其缓冲区、地下水回补区、底栖生物栖息地、河流洪泛区与河岸生物栖息地等，以保持生态过程的连续性。

注重城乡绿地系统规划：加快"三化一片林"绿色家园建设，加快村庄、街道、道路和村边一片林建设步伐，新建一批"三化一片林"绿色家园村庄。提升重点城镇绿化水平，力争中心城区和各县城环城林带初步形成，建成区绿地率33%以上、绿化覆盖率40%以上、人均公园绿地面积达到11m^{2}以上。

加强江河流域治理：实施以改善水质为主要目标的河道整治工程，严格控制在限制开发区域内的河道岸线安排工业（含能源）项目，经批准必须建设的，优先安排河道流域治理，确保河道安全和水质达标。制定和完善入河湖排污口的登记、审批和监督管理办法，开展入河排污口整治和规范化管理。对没有经过审批登记的非法排污口全部取缔、封堵，对直接入河的排污口必须改排进入污水处理系统。禁止审批新增入河排污口。对饮用水源地一级保护区、自然保护区内的入河排污口要全部拆除关闭。提高工业废水回用率，火电、煤炭等行业废水全部回用，达到零排放，关停治理不能达标的造纸、果汁等重污染企业。尽可能保障城市污水处理率达到90%以上，城镇污水处理率达到80%以上。

河流生态连通性工程：对于已建、在建的小水电项目和引水工程项目进行集中整治，违规建设项目坚决取缔，造成河流脱流的项目要补建生态蓄水泄放口，保证河流正常生态蓄水要求，对于土著水生动物洄游繁殖造成影响的工程，要补建水生生物洄游通道和远程监管设施，对于确实造成水生态环境和水生生物栖息地较大影响的水电项目，要采取退出机制。

加强饮用水水源地保护：在一级保护区范围内，禁止建设与供水设施和保护水源无关的项目，坚决关闭污水排放口，搬迁全部工业企业，清除全部工业废渣和生活垃圾。限期关闭二级保护区内的直接排污口，取缔严重污染水质的网箱养殖、农家乐、旅游垂钓等活动，不得新建、改建、扩建向水域排放污染物的建设项目，逐步实施水源保护区内移民搬迁计划，大力营造水源涵养林，不断提高水源自我修复功能和水源涵养功能，全面保障饮水安全。

2）城乡规模与城乡建设

城乡规模：优化城乡人口和用地理性布局，防止城乡建设过度蔓延；对于地势复杂、人口较少或交通不便的城乡人居点适度拆迁并点，引导小流域城乡人居空间集聚发展；重视与生态协调的地区，限制本区域内城镇发展规模。

城乡建设：合理评估、预测城镇人口及用地规模，划定流域生态红线，明确城镇空间增长边界；引绿入城，山水营城，有机组织城市各功能组团，以串珠式合理布局城乡空间；强化金融商贸、信息服务、科技研发等高端服务功能，优化城市中心体系，打造职住平衡、产居适宜的城市功能组团。

3）产业布局与结构优化

产业布局：宜严格限制流域高耗能、高污染等重型工业项目引入，着力发展新能源、新材料、医药以及农产品加工等绿色产业，推动产业从乡镇的零散分布向园区集中，打造循环工业园区，推动流域产业的生态化、链条化、科技化发展；以集约发展、优化提升为主，加快推进产业升级和布局优化，增强创新能力。

结构优化：引导小流域三次产业比重逐步由第二产业为主，向第一产业、第二产业、第三产业协同发展，系统构筑第一产业、第二产业、第三产业循环产业链，但以第三产业比例为主导。

二、秦岭南麓乾佑河柞水段小流域乡村聚落集聚优化[①]

（一）秦岭南麓乾佑河流域柞水段基本发展概况与聚落特征

1. 秦岭南麓乾佑河流域柞水段基本发展概况

乾佑河，古称柞水，是秦岭中汉江最大支流旬河的一级支流，后汉乾祐二年（公元 949）改名乾佑河。其全长 151.2km，流经柞水、镇安、旬阳三县，在旬阳县小河镇两河关汇入旬河。

乾佑河流域在柞水境内共涉及 42 条小流域[按照 Syrahler（西拉勒）水系分级方案，可分为三级河流 9 条，二级河流 32 条，一级 159 条]，营盘镇、乾佑街办（县城）、下梁街办（原为 4 街镇，2015 年合并石翁镇）3 个街镇，8 个社区，14 个行政村，71 个村民小组（表4-6），3 镇共有人口 71 154 人，其中，农业人口 47 860 人，非农业人口 23 294 人；人口密度为 71.10 人/km²（以乡、镇人口统计为基础）。

表 4-6 乾佑河流域柞水段街镇村组概况一览表

街镇名	社区/个	居民小组/个	行政村/个	村民小组/个	面积/km²
营盘镇	1	4	4	19	365.90
乾佑街办	4	8[②]	4	20	202.80
下梁街办	3	23	6	32	311.68
总计	8	35	14	71	880.38

该地区既是秦岭腹地水源的上游区，又是进入秦岭腹地重要的门户区，距西安市中心 60km，有西康高速经过，2019 年，更有西康高铁开工建设，是连接湖广的天然纽带，素有"终南首邑""秦楚咽喉"之称，其中营盘镇就是因历史上曾以军事战略地位屯兵守营而得名。

区内经济水平较低（因为营盘镇的两河村和北河村不在乾佑河流域范围内，故本书将这两个村划定在研究范围外），工农业总产值达 65.52 亿元。其中，工业发展有一定规模但主要集中于县城新建区域，既有传统生产型小型工业，更有依托秦岭特色而建设的医药加工工业；农业发展有限，产值为 4.89 亿元，约占流域工农业总产值的 7.5%。

2. 基于核密度估算的小流域乡村聚落的核点集聚分析

小流域内聚落虽然布局零散,但当用 ArcGIS 中核密度估算工具对小流域内聚

---

① 本节内容由课题组成员吴锋在其博士论文《秦岭南麓乾佑河柞水段小流域乡村聚落空间集聚与优化研究》基础上整理完成。

② 仁合、迎春社区作为长期建设的城区，已不存在组的编制，直接为各小区，而另外六个社区作为县城新建社区以及镇中心社区，仍然管辖若干小组，共计 35 个居民小组，但这里仍有 15 个居民小组远离城区以及城区发展区，实质仍为村民小组的形式。

落进行空间的形态抽取研究时，可以发现较为清晰的体系化集聚特征（图 4-3）。这种集聚是人为的抽象集聚，必然受到空间、经济、社会、生态等多个维度不同要素的影响。这些影响的程度，需要进一步发现与引导。

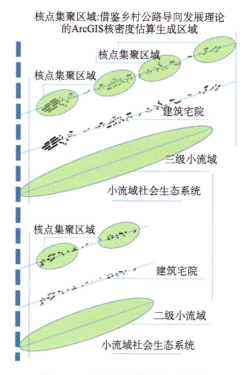

图 4-3　小流域内聚落核点集聚

核密度估算是利用核函数将每个已知点关联起来进行预测的方法。核函数表示为一个双变量概率密度函数，它在三维空间中看起来像一个凸起：以一个已知点为中心，在一个给定的带宽或窗口范围内逐渐减小。核函数和带宽决定了这个凸起的形状并依次决定了估计结果的平滑量，在点 s 处的密度估计值即带宽范围内的每一个已知点对 s 点影响的加和。在研究区域内分布有 n 个事件 $s:s_1, s_2, \cdots, s_n$，s 处的点密度值为 $\theta(s)$，其估计值记为 $\hat{\theta}(s)$，则 s 处的点密度：

$$\hat{\theta}(s) = \sum_{i=1}^{n} \frac{1}{r^2} k \left[\frac{s - s_1}{r} \right] \tag{4-1}$$

其中，k 为核函数；r 为带宽。

为了更好地研究各小流域这种核点集聚的关系，本书在考虑农户生活方式、步行状态以及小流域地形条件的前提下，以半径（本节即带宽）按照 10 分钟、1000m 的距离进行设定，对不同等级的典型小流域进行估算，可进一步得到以下的六条直观规律。

（1）由于固定带宽的设置，无论大小差异，核密度估算区分布相对较为均匀。

（2）二级小流域核密度估算区一般为 1~2 个，三级小流域为 3~4 个。

（3）同一带宽下，二级小流域第一个核密度估算区色彩饱和度远高于第二个。

（4）同一带宽下，有一些三级小流域不同核密度估算区色差不大。

（5）同一带宽下，有一些三级小流域不同核密度估算区色差较大。

（6）无论二级、三级，总有一些特殊的小流域核密度色彩饱和程度明显高于其他小流域。

（二）秦岭南麓乾佑河流域柞水段研究的典型性与建设分析

1. 秦岭南麓乾佑河流域柞水段社会发展的典型性

秦岭南麓乾佑河流域柞水段经济水平发展仍然较低，但这一定位也是建立在我们常规认知体系上的，其因为与西安市距离较近，人均产值已经远高于秦岭内乡村聚落人均生产总值的平均水平，属于秦岭内相对发展较为活跃、经济体系较为成熟的地域，村民变化、搬迁过程相对较为明显，对同类型乡村聚落的发展有较强的借鉴意义。

不同于大秦岭逐渐开发的热潮，这里早早就因为特殊的资源形成了众多的旅游参观区域，但如同秦岭内多数地区一样，人口的稀少及战乱等原因，重要的文化节点主要集中于镇区（长时期镇区人口规模同平原地区相差较大，乡村人口规模相差无几）。

该地区在夏商时期就已进入了有组织的农业生产时期，如据《续修孝义厅志》载："商初（约公元前 17 世纪初）雍梁人移徙柞水（今乾佑河）上游，以渔猎为生；鄩人在甲水（今金井河）西源定居，以淘金为业。"柞水境内始有先民，并逐渐增加，人口分布也是由河谷地带逐渐向深山峻岭拓延，而今，又因为生态移民等，开始逐渐逃离深山峻岭之地。

2. 秦岭南麓乾佑河流域柞水段生态建设的典型性

该区域地质构造属秦岭纬向构造体系之秦岭褶皱带，山高坡陡，河谷耕地零散，耕地面积只占 3%，素有"九山半水半分田"之称。其高山区位于秦岭主脊海拔 1500m 以上，最高点营盘牛背梁，海拔 2802.1m，相对高差为 1300m。更是重峦叠嶂，沟深谷狭，切割程度大。故无论从水流特征、地形地势、山峦沟壑，乾佑河都是旬河流域最典型的区域，其柞水县段是秦岭腹地流域"高山沟壑地貌"最为典型的区域。

就秦岭而言，基本上都处于生态保护极其重要区和重要区，而乾佑河流域柞水段，除了少部分用地属于生态极其重要区域外，多数都处于生态重要区域。

长期以来这里的聚落除了自行消解之外，更多是处于缓慢的微变之中，但是随着生态极其重要区这一战略性"生态底线"逐渐得到良好解决，社会游憩休闲需求的爆发，生态重要区的居民发生了重大的变化，社会资本大量进入，生态极其重要区域村民的迁入，正在改变着这里的结构；此外，大量游憩者的进入，带来经济发展的同时，也带来了生态环境的破坏，保护与发展之间的协调如果失当，将带来难以恢复的巨大损失与被动影响，所以这一区域小流域内聚落的变化最具有代表性与典型性。

3. 小流域乡村聚落空间建设的潜在矛盾与现实问题

秦巴生物多样性生态功能区是《全国主体功能区规划》划定的 25 个国家级重点生态功能区之一，秦岭是南水北调的核心水源区，作为各河流的源头区——小流域必然是以保护为基础的，但是这些小流域，并不都是处于核心保护地段，也并不都是不适宜居住的微流域或者一级小流域，村民、聚落、农业已经成为秦岭内部社会–生态平衡的重要对象，特别是随着生态移民搬迁的基本完成，乡村振兴的全面展开，社会需求及资本的大量介入，返乡青年的再创业，在秦岭内部广泛存在的小流域内，消解与集聚在辩证地发生着，各种建设工程也在紧张地进行着，故小流域到底需要不需要进行聚落建设、如何进行聚落建设，都是必须面对的根本问题。

根据小流域发展的相关生态影响评价，在当前人口整体处于流失状态的背景下，在非国家划定的重点保护区内，各种建设所产生的生态足迹的测算也是满足的，所以其关键的评价标准，已不再是纯粹的生态制约，还包含了各种社会生态问题的考虑。借助社会–生态 PSR 健康评价，可以发现，集聚是小流域聚落建设的根本问题，一定程度的疏散，是小流域乡村聚落建设的特色，是自然地形、人文需求影响的根本结果，但过于疏散的聚落，又造成空间不集约、社会关联较弱、空废率较高、管理成本较大，绿色产出效益较低等问题。故根据不同小流域的特征、其内聚落空间集约的程度、社会生活的集约程度，进行有导向性的优化与组织，是小流域建设的必然措施，是实现秦岭社会–生态平衡的关键要素。

（三）耦合于小流域社会–生态特征的集聚单元及域化体系建构

根据小流域的社会–生态背景，针对聚落的核点空间集聚表征，本节进一步参照 PSR 调查评价方法，从系统压力、系统状态、系统响应三个准则层入手，对其人口活动压力、社会经济发展压力、聚落建设压力、生态环境压力；生态环境影响指数、社会经济发展水平、聚落空废特征；政府介入状态、村民及游客满意度进行 PSR 健康调查与评价，去发现小流域乡村聚落集聚发展后的空间结构是否合理；并考虑其对人类活动及自然生态有何影响，影响程度如何，以及多元要素影响下的复合效益及未来发展。并根据评价结果对零散聚落的核点集聚进行再次分析与认知，形成以下概念与理解。

1. 小流域核点集聚单元

根据整体小流域及各核点集聚区域的健康评价，本节认为核点集聚方式的划分，可以在一定程度弥补村组单元划分的不足，当小流域内每一个核点集聚区域具备了空间集聚的特性，经历了各种场域①的特性匹配，达到了一定的健康评价标准，就是一个合理的、更有意义的单元，也就由核点集聚区域转化为了相对稳定的核点集聚单元（图4-4）。

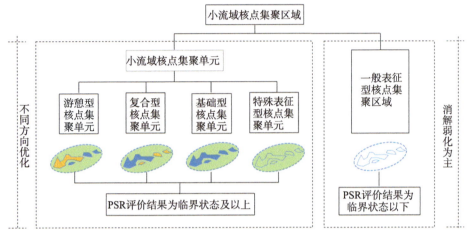

图 4-4　小流域核点集聚区域、小流域核点集聚单元图示

根据具体的研究，每一个 ArcGIS 核密度估算出来的核点集聚区域可以划分为表征型核点集聚区域、基础型核点集聚区域、复合型核点集聚区域、游憩型核点集聚区域；同时，每一个核点集聚区域又可根据健康评价结果划分为健康的核点集聚区域、亚健康核点集聚区域、临界核点集聚区域、不健康核点集聚区域和非常不健康核点集聚区域。

故综上所述，本节认为每一个达到临界健康状态的核点集聚区域，都可以称为核点集聚单元，具体主要包含以下四类。

（1）分布农户不低 35 户/km、常住农户不低于 30 户/km（可以是纯粹中老年核心家庭常住）的基础型核点集聚区域。

（2）具有较强关联效果，含青年常住农户不低于 35 户/km、具备较大规模农业企业及关联产业、一定级别公共及大型休闲设施，或成规模游憩服务农户的复合型核点集聚区域。

（3）具有较强关联效果，但农户在 20~35 户/km、含青年常住农户不低于 10户/km、具有一定级别公共及大型休闲设施，或较大规模游憩服务农户的游憩型核点集聚区域。

（4）具有特殊或较强发展潜力的表征型核点集聚区域。相应地，按照场域关联匹配程度、匹配类型，核点集聚单元又可进一步划分为基础型核点集聚单元、

---

① 场域是社会学体系中的重要内容，是不同作用力下的自主化结果，其认知也决定了空间的多样性、多层次性。

复合型核点集聚单元、游憩型核点集聚单元，以及特殊表征型核点集聚单元。这些单元，需要进一步根据临界、亚健康、健康的评价结果，根据综合或者分类具体指标及相应因子分析进行调整与优化。

其中，每一个核点集聚单元的影响因子，宜按照基本核点集聚区域成立、持续发展影响、质量强弱影响三个递进关系进行排列（表4-7），而单元的具体进一步优化，则是根据这些选项，进行针对性的调整。

表 4-7　多层级小流域社会–生态单元及影响要素整理表

核点集聚单元	质量强弱影响要素	持续发展影响要素	集聚区域成立影响要素	每公里常住户数
				常住家庭占比
				含青年常住户数
			资源特征、核点位置、用地建设规模、小流域域化单元定位	
			空间特征、集约程度、功能设置	
小流域域化单元	质量强弱影响要素	持续发展影响要素	基本类型划分影响要素	有效空间平均宽度、长度
				每公里常住户数
				常住家庭占比
				含青年常住率
				产业特征
			资源特征、区域位置、核点单元数量、宏观可持续发展定位	
			山村特征体验、道路交通组织	

2. 小流域域化单元

核点集聚单元、集聚区域由若干集聚斑块组成，但它们又和一些过渡性的场域空间构成了更富生机的小流域社会–生态系统，同样为了强调其社会属性特征，可以定义为小流域社会–生态单元。

与核点集聚区域不同的是，天然的山脊线使得小流域本身就具有了清晰的边界，具有明显的异质性、独特性，即使完全或几乎无人居住的小流域，也是一个相对独立的社会–生态系统的存在，具有"单元"的性质；即使评价结果为非常不健康、不健康，因边界清晰也是一个独立的"单元"存在。故为了区分其特征，将前者定义为自然生态单元，而参与评价的各种小流域单元，称为点轴集聚单元，这种点轴集聚单元又可以根据评价结果的严重程度分为小流域消解单元和小流域域化单元。

（1）小流域消解单元是指评价结果为非常不健康的小流域，最终发展为有些许农户存在或者是完全无人居住，以小流域自然生态单元的形式出现，主要为一般的无核点线性弱关联小流域，多指二级小流域。

（2）小流域域化单元是在小流域点轴集聚单元的基础上，对场域关联及其隐含信息的进一步强调，主要指评价结果为不健康①及以上的小流域，这说明就农户聚居而言，这些小流域存在一定、较大或者很大问题，仍需根据因子做进一步的判断，从而提出相应的优化建议，根据评价比较可以知道，主要为有特殊或较强发展潜力的无核点线性弱关联小流域（有特殊的表征型核点集聚区域）以及所有有核点集聚单元的小流域。

小流域域化单元可以分为农业主导生产型小流域域化单元、农业主导游憩型小流域域化单元、游憩主导休闲型小流域域化单元（图 4-5）。它们应进一步明确需不需要调整、朝什么方向调整，从而最终实现小流域的优化。

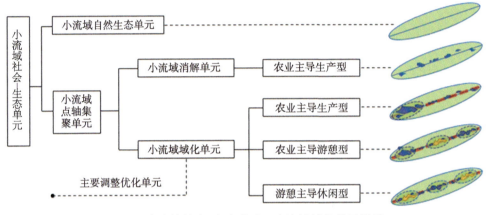

图 4-5　小流域社会–生态单元、小流域域化单元图示

一个小流域域化单元的影响因子，宜按照基本类型划分、持续发展影响、质量强弱影响三个递进关系进行深化排序（表 4-7），小流域整体的优化选择，应根据具体因子展开。其中第三个层面，山村特征体验、道路交通组织是满意度调研的结果，前者主要通过自然环境与人工环境的组织关系来体现，这是其不同于黄土高原地区小流域聚落的根本；后者则是当地居民、游憩者舒适度以及流动迁居趋势应对的重要前提；而且随着新型城镇化进一步发展，该主观性影响要素的作用越来越高。

3. 小流域点轴域化集聚体系

在行政行为弱化、市场行为强化、内在需求提高这一趋势面前，在场域特征发生重大转变的现象面前，现代小流域乡村聚落的集聚必将是融合"衰退、消解、增长"于一体的体系化集聚，"衰退、消解、增长"不是孤立存在的，虽然它们也并不是此消彼长的"互补"关系，但却是"牵一发而动全身"的流域化关联；它们也不再仅仅是流域内部的自我调整，更是流域之间的系统化互动。所以本书认

——————————

① 小流域域化单元是包含了小流域核点集聚单元的上层级单元,小流域核点集聚单元以"临界"为健康评价的分界判断,故小流域域化单元则是以更宽泛一级"不健康"作为健康评价来确立的。

为各聚落的集聚也不应是简单的搬迁与新建，而是多方因素综合作用下的系统选择，各聚落的发展必然是"市场行为、行政行为、主观行为"多方平衡的体系化营建。

故结合 PSR 健康评价，结合以上不同层次的单元划分与界定，本书认为特殊表征型核点集聚单元（一般的表征型核点集聚区域不称为单元，会走向消解）将会转换为具有更高关联强度的另外三种核点集聚单元；而这些单元经过优化后，应具有更高的健康评价，并改变整个小流域的健康值，改变小流域与上位流域之间的关联强度，最终形成具有更多复合信息、拥有不同层级场域强关联的集聚，本书将之定义为点轴域化集聚体系，后文简称为域化体系。

定义转换的同时，也形成了小流域乡村聚落"点轴集聚—核点集聚—具有复合信息的核点集聚（场域关联为主导）—单元集聚—具有健康状态的单元集聚"的认识深化与改变。

该体系的建构，是在考虑行政组织的基础上，强调小流域以社会–生态为本底、斑块集群为基础、场域关联为核心、健康发展为导向的多层级多类型集聚内涵（图4-6）；强调既考虑超越纯粹自然限制，又考虑彻底回归自然极化现象；既考虑流动开放协同，又考虑生境全域保护的区域化、系统化辩证发展关系。

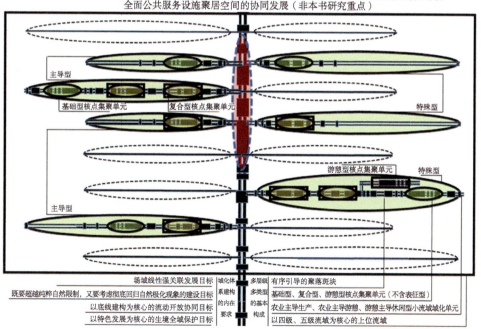

图 4-6　小流域乡村聚落点轴域化集聚体系

（1）由于小流域域化单元是首要落脚点，必须将其纳入更高层级中进行判别，故该域化体系是包含"上位流域（五级及四级流域）——小流域域化单元（三级及二级流域）——小流域核点集聚单元——小流域聚落斑块"四个层级的体系营建。其中，小流域域化单元的发展判断，都是由与之直接关联的上位流域、该小流域、核点集聚单元共同来决定的，聚落斑块是具体的建设要素。

（2）根据 PSR 健康评价，可以知道，无论是农业主导生产型，还是农业主导游憩型、游憩主导休闲型小流域域化单元，都可以达到高等级的评价结果，故它们都可以是域化体系的有机组成，基础型、复合型、游憩型核点集聚单元具有同样特征。

（3）社会–生态为本底、斑块集群为基础则明确了小流域研究焦点——聚落斑块集群的价值，即明确了核点集聚单元的重要性，其保留与否、积极发展，或者一段时间内保留，都对小流域的发展有重要的影响，应充分考虑其内、外的市场环境需求、行政运行需求、人本多元需求及相应的自然要素限制、生态机制保护等一系列社会生态现状与发展趋势。

（4）场域关联为核心、健康发展为导向则进一步强调了场域关联的作用，即各个集聚斑块的建设发展，应在综合分析的基础上，以健康评价为着眼点，以不同层次场域关联强度增加为根本，以聚落衰退、消解及增减管控建设为目标进行系统化营建。

（5）既要考虑超越纯粹自然限制，又要考虑彻底回归自然极化现象，主要强调自然生态要素的重要性，强调对生态红线的尊重，但也应考虑人工干预的可能性，在一定绿色技术匹配下，在保证不影响生态价值与要素的前提下，可进行一定的地形改造，以便于合理地进行人居环境建设；同时强调，小流域局部地段内聚落完全消解的可能性，从而实现区域平衡、区域生态价值补偿的统筹建设。

（6）流动开放协同则重点强化了小流域内村民流动频繁的客观现实，强调小流域之间的协同发展的认可。无论是小流域核点集聚单元，还是小流域域化单元，都是以基本成立为基础进行底线建构，不再要求必须设置小学、幼儿园这些公共服务功能，而是对强调流动特征的尊重，自我场域特征的建构。

（7）生境全域保护则是在保证生态优先基本原则上，进一步强调生存环境的保护，强调一定规模田园、一定形式房屋的保护，辩证考虑当地人所有的小规模经营和社区参与，考虑自然与文化环境的可持续性与价值，实现社会–生态系统的特色化健康发展。

（四）绿色发展导向下的乡村聚落流域化集聚优化引导与管控

1. 小流域三级联动和三生双控的优化引导模式与方法

1）小流域三级联动优化引导策略与模式

小流域域化体系是在社会–生态 PSR 健康评价基础上建构的结果，虽然不同类型核点集聚单元、不同类型小流域域化单元都可以存在，但更突出了其线性强关联集聚效果的实现，场域弱关联、局部强关联的消失。为此，本书结合这一目标的建构，从上位流域（四级或五级流域）、小流域域化单元、小流域核点集聚单元三个层级提出了相应的优化策略与模式（图 4-7），以期更有效地指导第四层级小流域内部聚落斑块的合理增减与建设。其具体引导如下。

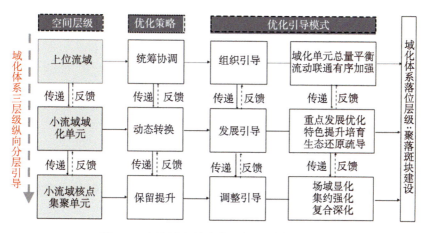

图 4-7　小流域乡村聚落三级联动优化模式

在上位流域层级，更注重小流域之间、主次流域间统筹协调方面的优化引导：这一层级优化，更多聚焦于宏观层面生境保护、流动协同，并由此推导出域化单元总量平衡和流动联通有序加强的组织引导模式。

在小流域域化单元层级，更注重达到一定健康状态小流域动态转换方面的优化引导：农业主导生产型小流域、农业主导游憩型小流域、游憩主导休闲型小流域这三种类型，既是平行发展的不同类型小流域，也是不同阶段的流域发展演进类型。它们会因为市场竞争、政府的重视、交通的改变、社会消费需求的加大，以及自身产业的品牌化提升，发生产业结构的不同转变，形成疏导、培育、优化的引导模式。

小流域核点集聚单元层级更注重具有一定健康状态小流域核点集聚单元保留提升方面的优化引导：针对不同聚落集聚中暴露出来的问题，进行解决，最终建构起场域关联状态更好、健康评价更高的小流域核点集聚单元，形成丰富多彩、有活力的小流域域化体系。其主要包含场域显化、集约强化、复合深化三种引导模式。其中，评价结果达到临界及临界以上的核点集聚单元，需要特别关注。

2）小流域乡村聚落三生双控的方法与内容

为了能更具体地指导小流域内各集聚单元的优化，借助山地小流域乡村聚落域化体系，以及三级优化模式的建构，本书以各个小流域为基本平台，设计了相应的、以聚落建设管控为目标的单元化管控体系，以期更好地实现小流域型聚落标准化营建与特征化引导相结合，建构更具针对性、可操作性的优化方案。具体表现为：导则式小流域域化单元建设发展管控和图则式小流域核点集聚单元建设项目管控。

该方案是仿照城市控制性详细规划中的导则和准则制订的，但更强调市场化下的管控引导，强调一定的弹性。强调在保证营建整体目标实现的前提下，给具体建设留有相应余地与创作的空间，真正保证乡愁、生境的特色与底蕴。其具体表征为：强调从量化管控到地缘管控的侧重；强调从行动管控到目标管控的侧重；强调从空间管控到体系管控的侧重。

2. 导则式小流域域化单元建设发展管控及基本指标设定

小流域域化单元是以小流域内聚落体系为焦点进行生态、生产、生活环境，方向性、系统性建设管控的单元，其管控措施是指导更下一层级具体建设行为管控的最为重要与直接的基础，是在一系列分析研究后形成的纲领性管控，是小流域生态、生产、生活三大构成体系协同发展下、流域内聚落空间系统化发展引导的关键。它是小流域社会-生态系统健康发展的重要保证，是其内每个乡村聚落核点集聚管控单元建构的依据、目标与营建导向。

该层级单元管控以导则及相应的系统图纸为主，导则是在流域平衡的基础上，在重点发展优化型小流域、特色提升培育型小流域、生态还原疏导型小流域这一分类、划分的基础上，在聚落集聚优化构型判定的基础上，从以下 3 个方面、12 项进行的管控。

1）空间体系定位与建构

小流域是一个具有自然生态特征的空间载体，只有被植入了生产、生活之后，才形成了一个完整的社会-生态系统，但是由于被植入要素的类型、比例不同，其具体社会生态属性也不尽相同；生长路径不同、机遇选择不同，结果同样不尽相同。同样是重点优化型小流域，有可能是通过扩建新的单元进行优化，也有可能是其内不同单元重新组合与整饬，更有可能是政府干预的疏解与迁移。

但作为政府的管控依据，必须要立足相对科学的分析判断、相对广泛的信息与调查，对小流域做出较为合理的定位与空间发展指导，根据不同要素的影响程度，留有一定的弹性与余地。

该方面主要包含产业发展目标、流域发展预判、人口特征预判、聚落空间体系定位、土地流域平衡、政府政策引导六项（表4-8）。

本书以"老林河小流域"为例（图、文、表）、"东川河小流域""芦柴沟小流域"为对比（表格），进行相关的阐述（图4-8、表4-8）。

表 4-8　典型小流域域化单元综合发展管控

管控指标	老林河小流域（游憩主导休闲型）	东川河小流域（农业主导生产型）	芦柴沟小流域（农业主导生产型）
产业发展目标	游憩主导休闲型小流域	农业主导游憩型小流域	农业主导生产型小流域
流域发展预判	重点发展优化型	特色提升培育型	生态还原疏导型
人口特征预判	数量增加（外来人口）	数量增加	数量减少
聚落空间体系定位	特殊线性强关联体系	三核点线性强关联体系	单核点局部强关联体系
土地流域平衡	调整减少	加强密度填充	生态还原
政府政策引导	产居优化	建设扶持	帮扶转移

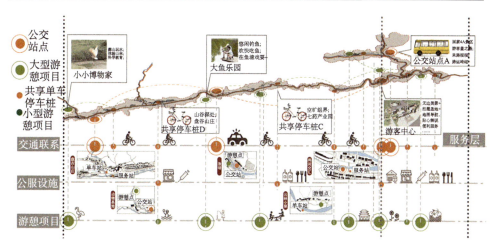

图 4-8　老林河小流域域化单元综合管控引导示意

　　老林河小流域属于游憩主导休闲型小流域；发展基础良好，但也出现交通欠佳、产业重复、建设混乱等各种问题，未来发展，可以在保证生态安全、自然生境特征的基础上，以重点发展优化为主；可以适度引导流动人口规模（主要为周边流域过剩人口的游憩服务参与）进一步增加；可以通过调整游憩集聚单元的形式，进一步构建更为合理的特殊型聚落域化体系；虽然建设用地可以给予一定倾斜，但必须严格限制，本书控制在 18%。政府应在产业提升、产居优化方面给予一定的支持，对企业及社会资本进入进行高标准限制。

　　2）公共设施及其他基本建设管控

　　三种产业发展类型、三种综合发展趋势的匹配，结合小流域的地形特征，使得小流域内聚落的基本模式会有更多的变形与演化，并导致整体规模、复合特性、公共服务设施配置的不同（图 4-8）。

　　其内公共设施及建设引导主要有公共服务设施、游憩服务及相关产业服务设施、宅院建设、道路及其他基础设施四个方面，具体配置需结合流域特征及相关设施的国家相应指标进行设置，总体要求如表 4-9 所示（参数根据实际调研规律及发展趋势判断，做了一定调整）。

表 4-9　典型小流域域化单元基本建设管控

管控服务	老林河小流域	东川河小流域	芦柴沟小流域
公共服务设施			
小学	取消	不设置	不设置
幼儿园	设置	设置	不设置
文化活动中心	设置	设置	设置
卫生室	设置	设置	设置
游憩服务及相关产业服务设施			
增减总量控制	减少 7% 相关开发用地	小于 20% 建设用地配置	
建筑功能限制	根据具体小流域特征进行限制（乡村旅游、养老社区等，禁止私宅大院）		
建筑高度限制	一般不得超过 3 层，12m，特殊区域公共建筑参见图则控制		
宅院建设管控			
核点集聚区	可建（在既有斑块内）	适建	可建
集中过渡区	禁止	可建	禁止
道路及其他基础设施			
主沟道路	根据实际区位、区段划分，按照 7m、5m、3m 控制		
支沟道路	必要	必要	不必要
公交站点	设置（游憩、终点）	设置	设置（慢班）
公厕	按标准设置	在集聚单元设置	在核点集聚区设置

　　3）小流域域化单元生境建设管控

　　尽管本书研究的小流域都处于适宜建设的秦岭生态重要区，且就目前其内乡村建设而言，对大尺度生态安全的影响是有限可控的，但在整个小流域地区，依然需要实行生态管控，开展生态保育，保护原生植被，禁止乱砍滥伐，最大限度地保护生态安全，保护原生态自然环境。

　　只有这样，才能为更特殊的秦岭生态极重要区保护建立良好的外围环境，才能使得秦岭乡村聚落生存的依托得以保全，才能使得小流域内各种建设处于更安全的地段之中。

　　该管控主要包含小流域中过渡区域的建设管控以及生境要素管控两项（表4-10），多是以原则性管控为主。在过渡区域除了宅院建筑的建设管控外，各种

表 4-10　典型小流域域化单元生境建设管控

管控内容	老林河小流域（游憩主导休闲型）	东川河小流域（农业主导生产型）	芦柴沟小流域（农业主导生产型）
过渡区域建设管控	禁止非必要设施建设	允许增加适量户数	禁止非必要设施建设
域化单元生境管控	增加不少于 1% 农田	加强生态河道保护	加强建筑拆迁复垦

基础服务设施的建设也必须进行管控，从标识到栏杆，再到公共厕所，提出原则性的管控建议与方案。并对特殊地点的项目进行案例式管控，在消解区域对空置房屋的置换与再利用进行针对性的限制。

并根据每个小流域的定位，进行针对性的自然生境的管控，这里应把自然环境作为自然生境的景观体系来对待，农田、树林、山水地段只能进行保留及相互间的转换，划定特殊的、绝对不允许新建区域。

3. 图则式小流域核点集聚单元建设项目管控及指标体系制定

小流域核点集聚单元如同城市控制性详细规划中的"单元"一样，是实现"县域"到千百"聚落"的、宏微观良好转换的核心作用对象，是县域村庄布局规划中小流域这个抽象的、概念化行政"点"原则性管控到小流域众多聚落斑块实体"轴向"空间针对性管控的核心转换器。由于"核点单元"类型的不同，其也会产生不同侧重导向的管控方式与指标。

该管控单元，以类似于城市控制性规划中图则的形式出现，包含两个方面四大项，此外，该图则尚可通过意象设计进行重点斑块的场景式意象管控。

1）核点集聚单元界限及建设用地利用控制

核点集聚单元在实际建设中，并不像城市建设区一样，被限定在道路和用地之间，有清晰的界限，也并不一定要立个牌子，通过专门标识来突显。但为了便于具体管控，首先需要在图则上进行边界的确定，为此应该根据小流域三生的分析进行系统的研究与设计，确定模式的选择，进而通过核密度估算的校对调整，寻找出合适核点集聚区，按照 2km 左右的范围进行具体的边界确定。

进而对该区域进行详细的生态安全格局分析，在此基础上，根据发展的建设类型及规模预判，按照适宜建设区、限制建设区、禁止建设区，进行用地划分与确定，明确单元内各种蓝线、山脚的控制线（25°以上坡度），其中，限制建设区是最为特殊一类，由于小流域内用地较为紧张，对地形地势进行一定的改造，还有利于节约良田，创造自然的聚落景观效果，应该纳入建设发展的考虑之中，允许进行一定的土地整治，并提出相应建议。但是核点集聚单元之外，将严格限定，特别是当前正进行的一些土地整饬工程，必须予以停止。

具体可按照有指向的农家住区、农家乐复合区、大型游憩项目建设区、景观农业保留区进行用地发展类型的整体引导，提出相应的建设管控原则。

2）单元建设项目管控与风貌管控

根据用地条件的评判、现状建设情况，结合聚落点状空间集聚形式、面状空间集聚形式、行列式线状集聚形式、散点线状集聚形式，进行整个单元的建设项目管控与建设风貌管控。

建设项目管控包含农户宅基地规模管控、公共服务建设项目管控、小型民宿等游憩项目、大型游憩建设项目管控，它们根据各自属性特征、用地面积、建筑数量、建筑面积、建筑高度等指标对整个核点单元进行控制，这些指标的选择，会因小流域的类型有所差异。此外尚需根据小流域的性质，进行公共活动场地、公共停车场地的控制。

建设风貌管控主要指整个单元的整体建筑形象及环境特色的管控，在强调特色的同时，更需要进行场域显化的空间考虑，使整个单元在保证自然特征的基础上，有较好的整体感及归属感，主要通过单元内建（构）筑物的色彩、形式及植被种植等方面来体现，条件允许的情况下，可以进行单元的意象设计（图4-9）。

图4-9 老林河小流域乡村聚落"核点集聚单元1"意象设计（建议重点集聚单元进行）

以下为老林河小流域核点集聚单元1（表4-11），东川河小流域核点集聚单元3（表4-12）的建设管控，前者进一步以集约优化为导向，后者则分别强调场域显化、集约优化、复合深化。

表4-11 典型小流域——老林河小流域核点集聚单元1
（原核点集聚区域一）建设管控

项目管控	农户宅基地	在既有斑块区域内，可增加10套，新补建宅院后退5m
	公共服务设施建设	不再增建
	民宿等小型游憩建设	控制农家乐建设数量，严格限制其他民宿的新建与增建
	大型游憩建设	严格限制两处在建区域，局部为四层，控制在18m高
	公共活动场地建设	新建集中公共活动场地一个，总面积增加至3800m²
	公共停车场地建设	已达标准，不再增建
风貌管控	整体单元建设风貌控制	建筑以乡土风格为主，颜色以土黄色为主体，植被环境以补种、修葺整治为主
	特殊区域建设风貌控制	桥头区域，作为重点控制区域，建筑可以进行具有江南气质的粉墙黛瓦建设，强调其标识性

4. 斑块建设引导

斑块建设引导是建设管控在单元中各个斑块的意象管控（图4-10），是一种结合意象设计进行的导向性管控，是图则管控的形象体现，更侧重对重点斑块进行场景化建设控制。如果对每一个斑块都进行严格的限制，反倒会影响市场行为下具体合理建设，导致小流域格局千篇一律，丢失小流域原本多姿多彩的社会生态景观。

表 4-12 典型小流域——东川河小流域核点集聚单元 3

项目管控	农户宅基地	按照 120 套进行管控，新建宅院围绕既有建设区域增建
	公共服务设施建设	增加医疗服务机构一个
	民宿等小型游憩建设	鼓励民宿的新建与增建，规模不宜超过 10%
	大型游憩建设	大型游憩建设区域 1 处，占地面积不大于 10 000m²，建筑面积小于 8 000m²，主体为 2~3 层
	公共活动场地建设	已达标准，不再增建
	公共停车场地建设	已达标准，不再增建
风貌管控	整体单元建设风貌控制	以南方农家建筑特征为主，颜色为土黄色、白色，在保证自然特色的基础上，进行成片相同色系花卉的补种
	特殊区域建设风貌控制	滨湖区域应注意村民广场的建设，在保证自身形态完整的同时，注意与周边建筑湖泊的协调

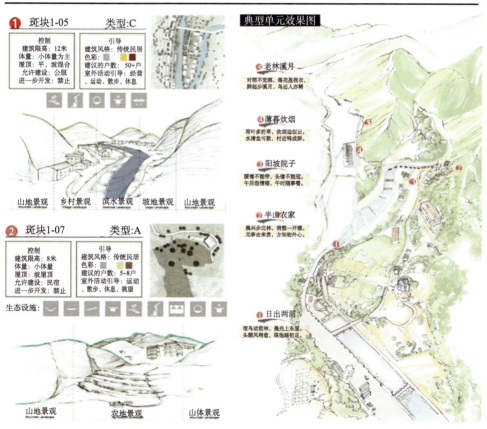

图 4-10 老林河小流域乡村聚落核点集聚单元 1 建设引导示意图

类型 A 为临水集聚建设型；类型 C 为伴田有机管控型

第五章

秦巴山脉智慧城乡建设工程引导战略研究

第一节　秦巴山脉地区生态智慧农业体系建设

一、秦巴山脉地区生态大数据体系建设

在秦巴山脉地区，秦巴生态保护大数据、秦巴自然灾害预警与处置大数据、秦巴基础信息大数据，为秦巴山脉地区绿色智慧城乡体系发展提供数据支撑。秦巴山脉地区生态大数据体系架构如图 5-1 所示。

图 5-1　秦巴山脉地区生态大数据体系架构

从策略上，开辟秦巴区域内生态保护数据、自然灾害预警数据和基础信息数据的采集渠道，综合行政收集、网络搜取、自愿提供、有偿购买、传感收集等方式建立自动、精准、实时的大数据采集体系。同时，通过秦巴山脉地区不同区域间的数据整合，社会、企业数据采集，形成广样本、多结构、大规模、实时性的数据体系，使得数据的特征关联和创新应用成为可能。加强对秦巴山脉地区的生

态保护、自然灾害预警和处置以及基础信息等各类信息系统规划与大数据采集需求的融合指导，鼓励各类信息系统的相关机构加强对数据的采集，推动自然灾害监测、无线射频识别（radio frequency identification，RFIR）、二维码、环境监测、无线传感网络、移动互联网的普及应用。

从机制上，建立秦巴山脉地区不同行政区划之间大数据互助共享协作体制机制，加强不同区域有关机构的数据互换、信息互通。切实整合现有的信息系统，对新建的信息系统做好统筹立项，逐步改变不同信息系统职责交叉、标准不一、共享困难等现状，做好信息化和大数据相关规范与标准的建设。明确秦巴各业务部门在数据采集、使用、公开等方面的职能、关系和任务，明确数据方面的考核任务，形成促进数据共享、开放的机制。最终要形成以大数据为核心的管理新业态。

从方法上，建立和完善秦巴区域人口、法人单位、自然资源和空间地理、宏观经济、信用征信等基础数据库，规划最小数据集，制定元数据标准。分块管理和集中管理相结合，建设秦巴基础信息大数据中心，推动社会海量数据资源的收集，实现对有意义有价值社会数据的集中式、适度结构化存储和深度开发。

二、秦巴山脉地区生态智慧农业智慧化体系建设方案

《中共中央　国务院关于实施乡村振兴战略的意见》明确指出，大力发展数字农业，实施智慧农业林业水利工程，推进物联网试验示范和遥感技术应用。智慧农业既可以依托物联网和互联网技术、大数据、云计算等现代信息技术与专家智慧，实现农业控制、诊断、监测、预警、营销等智慧生产、智慧经营、智慧管理、智慧服务；同时，智慧农业还可以通过生产领域的全方位智能化、经营领域的高效化平台以及服务领域的全链条源头追溯，推动农业产业链升级改造，实现农业科学化、精细化与绿色化，保障农产品安全、提升农业竞争力，实现农业可持续发展。

生态农业是农业生产的高级阶段，由于智慧农业更要注重农业资源的循环利用，以及农业生态环境保护与农业可持续发展，中国智慧农业也称为生态智慧农业。秦巴山脉地区生态智慧农业是基于互联网平台、云平台集成运用先进的信息技术与农业装备产品，结合管理者的知识和经验，实现对农业生产环境和生产信息的智能感知、分析、调控与智慧管理决策的现代农业新业态与新模式。

秦巴山脉地区生态智慧农业把农业种养、农业环境与农业生产者、销售者、消费者等各个子系统作为一个有机整体，并有机协调各要素之间的密切关系。因此，秦巴山脉地区生态智慧农业是由秦巴的种养业、农业环境和涉农者构筑的相互影响、相互促进的经济、社会和生态系统。这体现了秦巴山脉地区生态智慧农业与社会系统和谐发展的统一，秦巴山脉地区的生态智慧农业系统架构如图 5-2 所示。

图 5-2　秦巴山脉地区的生态智慧农业系统架构

（一）秦巴生态智慧农业的实现路径

发展秦巴山脉地区生态智慧农业是一个系统工程，需要从转变发展方式的高度来转变观念、完善政策、明确标准、创新技术、全面规划、扎实推进。

1. 完善秦巴信息化基础设施

提高秦巴山脉地区农业信息化水平，完善基础设施建设是秦巴山脉地区生态智慧农业发展的基础。提高秦巴山脉地区农村网络、宽带的普及率，是秦巴山脉地区生态智慧农业信息化生产的第一步。要加快秦巴山脉地区农村信息化基础设施建设，建立高速畅通、质优价廉的农村网络服务体系，推进宽带、光纤进村落户，以确保农业信息的共享共用，促进计算机、移动通信、网络传输、遥感、定位等信息化设备的应用。加快建设包括秦巴山脉地区农业信息采集、传输、分析以及利用在内的完整的物联网体系。

2. 规范秦巴信息运营平台

秦巴山脉地区生态智慧农业是为秦巴山脉地区农业生产提供精细化种植、可视化管理、智能化决策的农业生产经营管理新业态。秦巴山脉地区政府需建立秦巴山脉地区农业信息平台规范制度，制定统一的物联网使用标准和农业信息平台运营标准，规范信息收集、分析和发布，使秦巴山脉地区农业信息平台有序运营。

3. 建立秦巴智慧化管理系统

构建基于云计算的现代化秦巴山脉地区生态智慧农业智能管理系统，可实现对外数字化展示和对内智能化管理。基于资源管理、种植计划、农事管理、采后管理、质量追溯等方面的信息化管理,实时监测农业生产环境和情况,并提供实时数据统计分析,为科学决策提供数据支持。

4. 实现秦巴需求、生产、营销精准高效衔接

秦巴山脉地区生态智慧农业以产业链为重要生产信息支柱,信息化、透明化、数据化引导农业针对性、差异化生产。秦巴山脉地区生态智慧农业生产决策系统根据农产品产业链中的产品生产、营销、物流、需求信息定位目标消费群体,并直接、精准、高品质地服务农产品消费者,实现秦巴山脉地区农业产需、供销信息无缝衔接、相互融合,从生产计划、农事投入品管理、采收库存管理等方面建立标准流程,升级传统的农业产业链,提高秦巴农业生产效率,创新秦巴农业生产模式。

5. 延伸秦巴产业链促进三产融合

通过秦巴山脉地区生态智慧农业建立绿色、生态、可持续的智慧全产业链服务体系,实现从种植生产、渠道对接到追溯服务的全程管理产业链,既能减少生产环节农资损耗,也能减少销售环节流通损耗,还能壮大秦巴山脉地区乡村休闲旅游产业。利用微信、微博等新媒体,举办以特色农产品为载体的文化旅游活动,激活秦巴山脉地区乡村休闲旅游。探索“线上+线下+三次产业融合”模式,加快种养业与休闲旅游业协同推进,能够有力推动农村一二三产业融合发展,实现秦巴山脉地区农业生产和农村生态保护的协同提升。

秦巴山脉地区生态智慧农业依托智慧监测系统,实时远程获取各种工作环境下的空气温湿度、土壤水分及温度、二氧化碳浓度、光照强度,视频图像以及烟感报警等。通过模型分析,可以自动控制喷淋滴灌、内外遮阳、加温补光等设备,实现农业环境的智慧感知、智慧预警、智慧决策、智慧分析和专家在线指导。

(二)秦巴农田种植农情监测与智能沼液灌溉系统

秦巴山脉地区汉江谷地土地肥沃,气候温和,河流纵横,阡陌交错,是陕南的主要产粮区。尤其是秦岭山地,不仅森林茂密,拥有陕西最大的林区(面积达到700多万亩),而且还有许多山间平台和小盆地,是秦岭山地中富庶的农业地区。它能为工农业生产的发展提供极为有利的条件,也预示着山区资源的综合开发面临着十分广阔的前景。

秦巴山脉地区生态智慧农业是一个开放的生态系统,包含土壤、肥料、水分、光照、温度、空气、视频信息等因素,能够对秦巴山脉地区农田环境数据进行快速、准确的采集,对直接或间接与农作物生长相关的因素进行系统分析,有利于对农作物生产进行科学管理。

为了更好地显示出秦巴山脉地区的巨大潜在优势,以秦巴山脉地区农田种植农情监测与沼液灌溉系统为例,来展现秦巴山脉地区生态智慧农业中种植业的智慧化。秦巴山脉地区农田种植农情监测与沼液灌溉系统架构如图5-3所示。

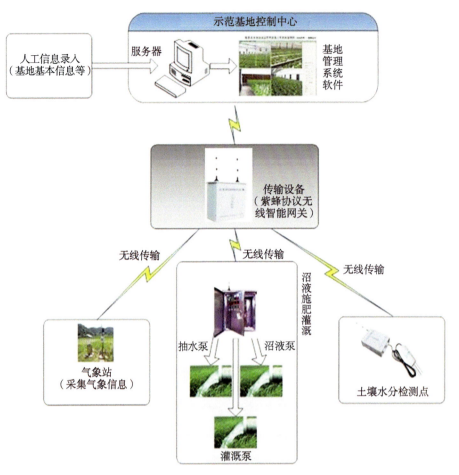

图 5-3　秦巴山脉地区农田种植农情监测与沼液灌溉系统

1. 秦巴山脉地区农田种植农情监测系统

基于物联网的秦巴山脉地区农田种植农情监测系统，是运用信息采集技术、信息远程传输技术、信息智慧分析与控制技术，实施秦巴山脉地区农田环境远程监控，包括气象信息、土壤墒情信息以及视频信息，对这些信息进行综合的数据分析，进而有效提升秦巴山脉地区农业生产的技术管理水平，促进秦巴山脉地区农业产业化及现代化的发展。其系统具体运作方式如下。

在秦巴山脉地区的粮食种植区域布置农业小型气象监测站，采集空气温度、空气湿度、风向、风速、雨量、气压、光照度、土壤温度、土壤湿度多项信息。

气象数据信息集中传输至物联网综合接入秦巴山脉地区管理平台，并且以表格和对比曲线等形式在大屏幕上展示，可随时查看任意时段的历史数据，导出电子表格。

根据秦巴山脉地区作物不同生长阶段的信息、生产现场环境条件等设置空气温度、空气湿度、风向、风速、雨量、气压、光照度、土壤温度、土壤湿度的预警临界阈值，并对各个气候条件设置灾害条件预警分级。

气象信息可传输至秦巴山脉地区农业技术服务站的触摸屏一体化查询机，供秦巴山脉地区农户或农技人员查询当天或历史气象信息。

控制系统通过对紫蜂的多路控制器进行控制，可实现对秦巴沼液灌溉池的水泵、电磁阀的开启/关闭，控制流量控制阀的流量，在控制软件上能够设置沼液和清水的配比，从而实现沼液的自动化灌溉。

而且该系统支持手机、iPad（平板电脑）等移动端查询气象信息和土壤墒情。

2. 秦巴智能沼液灌溉系统

秦巴沼液灌溉系统主要由沼液沉淀池、沼液过滤池、清水池、沼液混合配比池、计算机监控系统五个部分组成。

流量计量和控制系统由前端水泵、流量控制阀、自动控制系统三个部分组成。前端水泵有三个，一个是将过滤池的沼液抽取到沼液混合池，一个是将清水池的水抽取到沼液混合池，还有一个水泵是将沼液混合池的混合液体抽取到灌溉管道进行灌溉。流量控制阀安装在水泵的出水口管道处，该系统可以通过秦巴控制中心服务器软件平台按照一定的控制算法或者通过人工设定流量控制阀的流量，实现沼液与清水按比例混合从而达到智能灌溉的目的。

智能灌溉管理软件平台可实现随时随地通过互联网查看秦巴山脉地区的土壤水分数据，从而控制电磁阀达到智能灌溉的目的。系统灌溉依据采集的秦巴山脉地区的实时土壤水分信息，自动调度灌溉时间；水分上下限智能报警，防止过度浇水，达到科学节水灌溉；系统集成小型气象站，掌握秦巴山脉地区实时气象信息，减少因天气、季节变化而带来的手动更新调度；支持补灌与轮灌模式，满足秦巴山脉地区不同用户的灌溉需求。秦巴智能沼液灌溉系统架构如图 5-4 所示。

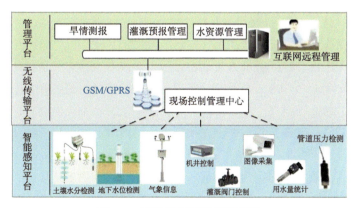

图 5-4　秦巴智能沼液灌溉系统
GSM 表示 global system for mobile communications，全球移动通信系统；
GPRS 表示 general packet radio service，通用分组无线服务

（三）秦巴智慧林业信息化应用管理系统

秦巴山脉地区有众多的小盆地和山间谷地相连接，是长江上游地区一个重要的生态屏障，这里的水、热、林、草资源及土特产品、矿藏等自然资源极为丰富。南部的巴山山麓，群山毗连，重峦叠嶂，河流源远流长；北部的秦岭余脉，山势和缓，谷宽坡平，溪水淙淙流淌。其间渠堰迂回，梯田环绕，北部的秦岭余脉不仅是主要产粮地，也是多种经营最有潜力的地方。前面已经提到了秦巴山脉地区生态智慧农业中种植业的智慧化，接下来分析生态智慧农业中智慧林业。

秦巴智慧林业信息化应用管理系统由基于前端的视频监控子系统、数据采集及人员定位管理子系统、智能自动监测子系统、车辆调度管理子系统，以及基于后台的森林防火预警管理子系统、森林病虫害预警管理子系统、森林档案管理子系统、林业林务管理子系统、调度指挥子系统、报表统计管理子系统等组成，系统架构见图 5-5。

图 5-5　秦巴智慧林业信息化应用管理系统

智慧林业信息化应用管理系统具体运作方式如下。

（1）当秦巴山脉地区护林人员巡检过程中发现有森林火灾现象或潜在病虫害发生时，可及时通过 GPS 智能手持设备对潜在病虫害局部进行拍照、描述并实时上传至秦巴山脉地区指挥中心，指挥中心收到信息后，系统能够在监控中心大屏自动弹出该条信息内容，并实现声光报警提示，同时通过上传的经纬度信息自动识别林场位置。

（2）当视频监控画面中出现烟雾、明火或其他火灾隐患现象时，系统自动识别秦巴林场具体位置等相关信息，监控中心大屏自动弹出该画面，实现声光报警，提醒值班人员做出判断后进行处理。

（3）当布放于秦巴山林中的智能自动探测设备监测到秦巴林区中温度、湿度、烟感等参数有较大变化时，系统可按预先设定的参数数值实现黄色、红色预警提醒，出现预警提醒时，秦巴监控中心大屏自动弹出相应位置林区资料，并提醒秦巴山脉地区的工作人员进行指挥调度处理。

（4）当秦巴山脉地区指挥中心收到园林局、上级主管部门或护林员、周围群众等监测或观察到的火灾警情通报时，系统能根据通报人员提供的经纬度信息或其他位置信息迅速检索到秦巴山脉地区火灾警情的具体位置，并通过调度管理子系统进行指挥调度。

（5）系统可实现市、站、人三位一体的联动分级管理，上级主管部门可越级调看下属各级部门的视频监控状态、人员工作状态等。上下级指挥中心可实现远程会议、指挥、调度。

设计和建设秦巴山脉地区的林业信息化系统，需要从防火预防、扑救、保障三大体系着手，大幅提高林业防火装备水平、改善基础设施条件，增强预警、监测、应急处置和扑救能力，从而实现秦巴山脉地区的林业的"火灾防控现代化、管理工作规范化、队伍建设专业化、扑救工作科学化"。

第二节　秦巴山脉地区智慧城市体系建设

一、智慧城市建设策略

秦巴山脉地区智慧城市体系建设以物联网、大数据、云计算、边缘计算、移动互联网、智能控制技术等新一代信息技术为支撑，按照秦巴山脉地区绿色智慧城乡体系发展的定位，在实现秦巴信息互联互通的基础上，完成包括网络基础设施、传感基础设施、计算基础设施在内的信息化发展基础——智能基础设施的布局和建设。构建低成本、分布式、高可靠、复合型信息互联互通网络体系，形成秦巴山脉地区绿色智慧城乡体系发展的基础保障。

智慧城市建设首要任务应实现智慧城市体系建设，其顶层设计应当引导社会力量针对公共安全、情景、食品安全、交通、医疗、教育、就业、社区服务等多个领域开展专业化、多元化、个性化的惠民服务，鼓励和支持各类市场主体共同培育信息惠民可持续发展模式，形成优势互补、多元参与、开放竞争的发展格局。在技术上，要实现民生相关信息的海量集中与实时共享、快速处理和高效协同，以及城市居民对信息化服务的随时随地获取；在服务上，智慧城市建设，使居民体验到城市更加安全、环境更加健康、生活更加方便、社会更加文明。

在城市网络基础设施建设方面，着力推进秦巴区域宽带网络优化升级，加快推进第五代移动通信网络的部署与建设，大力推进秦巴山脉地区核心城市互联网骨干和城域网的建设，优化互联网骨干网之间的互联构架，提高秦巴不同区域网间互联带宽和互联质量。强化普遍服务，大力推动广大农村和欠发达地区的信息网络建设，逐步降低宽带资费水平，建立符合秦巴山脉地区地理位置与城乡居住特征的信息化基础设施。

在秦巴周边城市智慧管理方面，推进物联网技术在秦巴区域生态环境和经济发展中的应用，涵盖生态保护、灾害预防、工业、农业、旅游、物流、交通、基础设施管理、水资源管理等领域的应用。发挥政府引导作用，在公共财政支持下，建设一批物联网应用试点示范项目，增强秦巴山脉地区精细化、智能化管理能力。鼓励企事业单位采用物联网技术，创新信息化应用。

在城市云计算平台建设方面，着力推动秦巴区域企事业单位业务应用系统向云计算模式的公共平台迁移。统筹秦巴区域内云计算数据中心发展，并增强高性能计算、海量数据存储、信息管理分析服务能力。积极探索跨区域共建共享机制和模式，推动建设一批公共服务、互联网应用服务、重点行业和大型企业云计算数据中心与远程灾备中心，引导云计算数据中心向大规模、一体化、绿色化、智能化方向布局发展。

按照秦巴山脉地区绿色智慧城乡体系发展的总体目标，推进网络基础设施的不断完善：利用物联网、云计算、大数据、移动互联网等新技术，整合现有各类网络设施资源，发挥各自技术优势，实现定制化服务、虚拟化基础设施，形成高速接入、安全可靠、无处不在的泛在智能网络基础设施。利用智能网络基础设施来支撑秦巴"大数据""互联网＋"行动计划以及智慧城市的建设。

二、智慧城市体系架构建设

（一）智慧秦巴总体架构

智慧秦巴是以秦巴山脉地区中小城市为依托，以信息技术为媒介建设深度互联的网络体系，实现信息共享和信息智能处理，打造城市智慧服务系统，提升秦巴山脉地区资源利用效率，优化城市管理和服务，改善人民生活质量，从而实现秦巴城市建设的智慧化与信息化。

以居民、企业和政府为三大服务主体，智慧秦巴的建设应紧密围绕"民生管理、产业管理、政府管理"三个维度展开，构建以大数据、物联网、云计算、人工智能等新一代信息技术为支撑的智慧秦巴城市体系，实现精细化城市服务和灵活化动态管理。

秦巴山脉地区智慧城市体系特征包括：信息感知网络广泛覆盖、多种网络深度互联、海量信息智能处理、各类资源协同共享、各类系统智慧管理。基于云计算、物联网、大数据等技术，基于"六层六体系"的理念进行搭建。总体架构如图 5-6 所示。

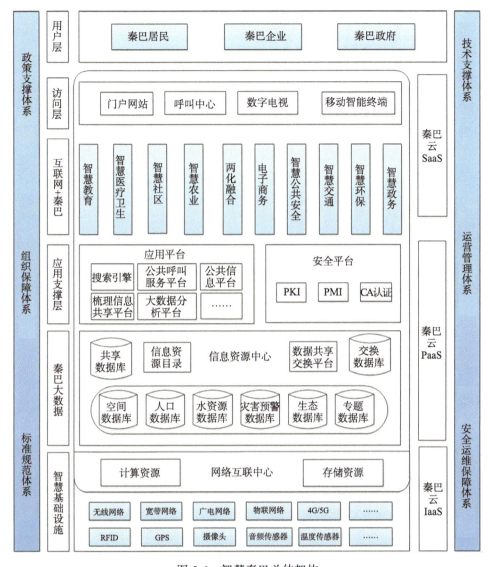

图 5-6　智慧秦巴总体架构

平台即服务（platform as a service，PaaS）；软件即服务（software as a service，SaaS）；基础设施即服务（infrastructure as a service，IaaS）；公钥基础设施（public key infrastructure，PKI）；授权管理基础设施（privilege management infrastructure，PMI）；认证中心（certificate authority，CA）

（1）智慧基础设施主要包括：现场层设备、通信网络设施和云计算基础设施三个部分，分别实现信息感知、网络通信和海量数据处理功能。其中，现场层设备即对底层物体信息进行识别与感知，包括 RFID 标签和读写器、摄像头、GPS、传感器等感知设备；通信网络设施涵盖无线网络、宽带网络、广电网络等，实现信息的传输与接收；云计算基础设施通过对服务器、存储、网络的虚拟化，为智慧秦巴提供按需获得、即时可取的计算、存储、网络、操作系统及基础应用软件等资源，从而有效提高存储能力和服务器利用率，降低运营维护成本。

（2）秦巴山脉地区大数据主要包括五大公共基础数据库、灾害预警数据库、水资源数据库、生态数据库和数据共享交换平台及其相关应用，以实现秦巴各区域、各部门的信息汇聚、资源共享及资源整合。其中，从经济发展层面出发，建立五大公共基础数据库，主要包括秦巴空间基础数据库、秦巴人口基础数据库、秦巴法人基础数据库、秦巴宏观经济数据库、秦巴建筑物基础数据库，为上层的数据分析、决策应用提供秦巴山脉地区城市数据支撑。从生态环境层面出发，分别建立灾害、水资源、风资源、生态风景等数据库，构建具有秦巴山脉地区生态保护理念的生态专题数据库。此外，发挥智慧城市的信息协同共享机制，关键在于数据共享交换平台的建设，从而对秦巴山脉地区的各类公共信息进行统一管理与共享。通过数据挖掘、大数据分析，为上层业务应用提供数据支撑，为智慧秦巴运行管理、领导决策提供科学依据，从而满足秦巴经济发展策略、生态环境可持续、民生与政务信息管理等需求。

（3）应用支撑层为秦巴山脉地区各类需求及应用提供统一的功能性支持，包括应用支撑和安全支撑能力，提供呼叫、大数据分析、PKI、PMI、CA等多方面的功能平台。

（4）互联网＋秦巴主要针对智慧秦巴的农业、交通、环保、民生服务、产业经济等领域构建针对性应用服务。

（5）访问层为秦巴居民、企业、政府等各类用户对象提供访问的窗口，向用户提供智慧秦巴的各种服务信息，并接受用户信息的提供和反馈。访问窗口包括门户网站和智能终端等。

（6）用户层是智慧秦巴的主要服务对象，主要包括秦巴居民、秦巴企业和秦巴政府。

（7）保障支撑体系作为智慧秦巴的重要支撑，是智慧秦巴体系架构稳定建设的保障，包括政策支撑体系、组织保障体系、标准规范体系、技术支撑体系、运营管理体系、安全运维保障体系。这些体系贯穿于整个智慧秦巴建设的各个方面，确保其安全、高效地运行和健康稳定地发展。

（二）智慧城市公共设施建设

1. 智慧城市民生服务设施建设

秦巴山脉地区周边智慧城市建设以公共服务设施为基础，充分考量空间合理分配、功能与需求的对应关系，融入"智慧"理念，以相应地区居民的日常生活体验为基本出发点，考虑投入、效率、效益、均衡性等各方面因素进行建设。其中，资源分布空间的合理规划是有效节约多方资源，提高服务效率的手段。

在空间规划设计阶段，用发展的眼光、创新的手段和新一代信息技术，建立智慧城市信息共享、网络互联的高效网络，践行以"人"为中心，充分考虑市民需求的互动性智慧城市服务体系建设，实现从单向服务到双向供需的转变。

在空间规划实施阶段，在确保城市规划的整体协调性和科学性的基础上，根据居民对于不同服务的需求程度，使服务设施的响应速度、优先级等参数满足实际需要，进行服务设施的合理位置规划、设备配比，实现设施功能最大化和资源利用率最高的目标。

在设施服务应用阶段，充分发挥智慧秦巴大数据体系的数据整合、数据共享和数据分析能力，通过搜集大规模用户的设施使用信息，预测出用户的使用倾向等，进行精准推送或信息宣传等工作，提升秦巴城市服务水平，提高居民生活质量。

2. 智慧政务体系重点建设领域

秦巴山脉地区智慧政务运用云计算、物联网等现代信息技术，通过建设大规模电子信息数据库、辅助决策系统、电子政务平台、互动交流平台等电子信息系统，形成便捷高效、协同共享的政府电子服务与办公体系。其体系架构如图 5-7 所示。

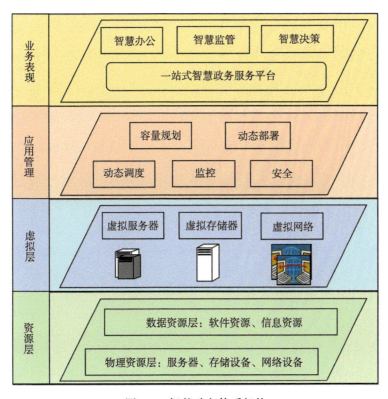

图 5-7　智慧政务体系架构

智慧政务体系框架建设的重点领域主要包括智慧办公、智慧监管、智慧决策三个方面。

1）智慧办公

通过采用人工智能、知识管理、移动互联网等技术手段，将传统办公自动化系统改造成智慧化的办公系统。秦巴山脉地区智慧办公系统具备记忆、自动提醒、任务排序、移动办公、查询共享等功能。记忆功能可以根据用户职责、偏好、使用频率等信息，对界面、系统功能等自动进行优化。自动提醒功能可以实现对交办事项、邮件、会议通知等的及时提醒，用户不需要去查询就知道需要处理的事项。任务排序功能促进了公务处理的合理统筹和优化安排。移动办公功能促进用户办公效率的提升。查询共享功能实现了各类知识库、数据库等信息资源的集成和交换，使用户能够方便、及时地查询政策法规、办事流程等，对先进工作经验实现共享。

2）智慧监管

智慧监管系统可以实现对监管对象的自动跟踪、自动报警、自动监管。一是对人员进行自动感知、识别和跟踪。例如，在主要路口安装具有人脸识别功能的监视器，实行智能监管与执法。二是对突发性事件实现自动报警、自动处置等。例如，通过利用物联网技术对山体形变进行监测，从而对滑坡等灾害实现自动预警。当探测到建筑物发生火情时，监管系统可以立即自动切断电源。三是通过自动比对企业数据，发现企业偷逃税等行为，实现自动监管。此外，智慧监管系统中的移动执法系统可以根据执法人员需求自动调取有关材料、生成罚单，方便执法人员执行公务。

3）智慧决策

通过采用数据仓库、数据挖掘等技术手段，整合政务信息资源，梳理智慧决策信息资源目录，依托统一的政务数据中心和政务信息资源共享交换中心，建立政府智慧决策系统和统一的智能决策政务平台。一方面，智慧决策系统能够根据领导决策需要，实现动态信息和决策服务信息的接入与整合，自动生成统计报表和绩效考核报表；另一方面，通过辅助决策系统，可以形象地呈现经济运行动态和趋势、社会管理各领域的进展情况等信息，从而为领导提供更科学、全面的决策支持服务。

3. 智慧城市产业建设

依托智慧城市建设，构建围绕秦巴区域的智慧城市产业互联网管理平台，进行智慧城市–智慧产业相融合的协调联动，对秦巴区域的传统企业进行改造提升，促进秦巴产业数字化、信息化发展。

智慧城市产业管理融合云计算、大数据、物联网、人工智能等新一代信息技术，建设互联网平台体系，实现资源共享、产业联动、信息互通，提升城市产业园区管理效率，促进产业集群，形成秦巴城市产业智慧网络。依托秦巴区域产业园区互联网平台，进行设备数据采集、数据挖掘、数据可视化等，实现产业商业信息共享、大数据分析，为秦巴城市产业规划、招商引资、经济发展提供有力的数据支持，提高产业生产运营智慧管理水平。

以工业产品生产为例，进一步推进工业化与信息化的深度融合，形成按需制造、柔性制造、数据制造、绿色制造等新型生产模式，提升秦巴山脉地区工业发展的内涵，满足绿色智慧城乡体系发展的要求。鼓励发展智能电力设备、汽车电子、智能家电、智能装备和智能产品，引进工业机器人、智能生产线等智能化产业设备，推动生产过程智能化，加快传统制造向"现代智造"的转型升级。以提升产业链协同能力为重点，推进生产过程的信息共享、系统整合、智能控制和协同制造，建设秦巴工业设计和产品开发公共技术服务网络平台，推进一批行业信息系统集成及示范应用。

以企业管理为例，利用信息化手段提高秦巴区域内企业管理精细化程度。鼓励企业应用信息技术实现经营管理科学化。借助秦巴智能网络基础设施推广企业资源规划（enterprise resource planning，ERP）、供应链管理（supply chain management，SCM）、客户关系管理（customer relationship management，CRM）、办公自动化（office automation，OA）、人力资源管理（human resources management，HRM）、商务智能（business intelligence，BI）等应用系统，使企业内研发、生产、供应、营销各环节相互协调配合，实现管理方式的科学化和高效化，提升企业综合竞争力。

智慧城市产业建设推进产业链信息化。以秦巴区域优势行业龙头企业为依托，实现信息化对产业链的全方位渗透。通过大中型企业的带动作用，促进下游企业逐步应用信息技术，形成上下游企业间在生产经营、质量管理等方面的信息对接与信息共享，带动产业链信息化水平的整体提升。

第三节　智慧城乡联动发展建设

一、绿色智慧基础设施技术保障

（一）秦巴山脉地区智慧能源

智慧能源是以互联网技术为基础，以电力系统为中心，将电力系统与天然气网络、供热网络以及工业、交通、建筑系统等紧密耦合，横向实现电、气、热、可再生能源等"多源互补"，纵向实现"源、网、荷、储"各环节高度协调，生产和消费双向互动，集中与分布相结合的能源服务网络。

因此针对秦巴山脉地区的能源分布结构和能源利用特点，针对性地借助互联网、物联网、大数据、云计算、分布式能源发电技术等新兴技术手段，对秦巴山脉地区的能源生产、存储和使用进行实时监测、数据分析和优化处理，从而实现能源的安全、高效、绿色、智慧应用，解决秦巴山脉地区能源利用的瓶颈，切实提高人们的生活水平和增强能源利用效率。

秦巴山脉地区智慧能源的建设依旧是以电力系统为中心。通过对秦巴山脉地区的地势地形调研发现秦巴山脉地区多是以盆地谷地为主，所以无法在秦巴山脉地区布置大型发电设备。同时秦巴山脉地区自然资源极其丰富，根据国家颁布的《太阳能发展"十三五"规划》，做好农村电网改造升级与分布式光伏扶贫工程的衔接，确保光伏扶贫项目所发电量就近接入、全部消纳。建立村级扶贫电站的建设和后期运营监督管理体系，相关信息纳入国家光伏扶贫信息管理系统监测，鼓励各地区建设统一的运行监控和管理平台，确保电站长期可靠运行和贫困户获得稳定收益。因此，利用太阳能这种分布式能源发电技术成为最好的选择。

为了充分利用分布式能源技术的优势，必须规避传统电力调度系统的弊端，力求做到"多用多取""智能调度"，建立强大的秦巴山脉地区智慧能源体系。

1. 秦巴山脉地区智慧能源体系

秦巴山脉地区的智慧能源体系建设由下至上可以分为能源层、网络层和应用层，如图 5-8 所示。

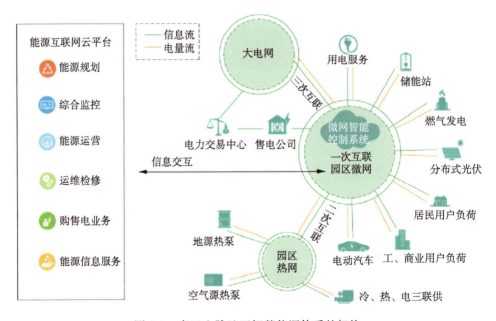

图 5-8   秦巴山脉地区智慧能源体系的架构

其中，能源层主要是进行能源的生产、转换、传输和利用，包括化石燃料的发电、清洁可再生能源的多能转化、电力利用等，充分利用秦巴地区太阳能资源与水资源优势，积极开展新型能源的生产；网络层主要是通过广域布局的智能传感进行能源相关数据的采集和传输，秦巴地区利用互联网技术与当地能源体系相结合，实时获取海量数据并进行精准的能源数据传输；应用层主要是利用大数据、云计算、人工智能等技术进行能量信息的数据共享，数据主要包括能源设备的运行状态和各能源系统的实时运转状况等，搭建秦巴能源交易平台来对秦巴地区各种能源交易进行数据支撑，承担能源互联网的信息采集、管理方案、能源交易等方面的运行工作。

此外，建设智能电网是针对秦巴山脉地区实行智慧能源体系的第一步。对秦巴山脉地区进行智能电网建设可以提高电网与发电侧及需求侧交互响应能力，提升电网运行效率和区域电网供电保障能力。在秦巴山脉地区发展新旧能源互补技术使得电能与其他能源进行灵活的转换，使能源在时间和空间上具有可平移性，实现能源共享，提高系统能源综合利用效率。

2. 大数据助力秦巴山脉地区智慧能源发展

随着新技术的不断涌现，能源结构不断发生变革，秦巴山脉地区传统的电网规划方法往往与实际需求差别较大，需要利用大数据技术综合考虑多种因素，如分布式能源的接入、电动汽车的增长趋势、电力市场环境下为用户提供个性化用电服务等多类型、海量数据的引入，可以有效减少电网规划过程中的不确定性，使得整个秦巴山脉地区区域电网规划更加合理、有序。

大数据在能源生产端：智慧能源中大数据应用众多，涉及电网安全稳定运行、节能经济调度、供电可靠性、经济社会发展分析等诸多方面。

以秦巴山脉地区光伏发电方式为例，光伏大数据的应用主要集中于在线预测、发电量模拟、实时监测、设备预警和诊断、资源调度、电力交易以及需求响应等方面。在秦巴山脉地区光伏建设中，大数据分析是贯穿始终的。从前期规划到电站投资建设、后期运营，以及整个资产全生命周期的管理都可以通过数据分析、数字化的模型为各个环节提供量化的分析和决策服务，服务于投资商、生产商、运营公司等各类角色。

大数据在能源消费端：对秦巴山脉地区进行消费端管理，无论是在电源端还是电网端，其核心就是如何利用负荷资源化进行有效管理，反馈给电源和电网端，达到供需匹配灵活的目的。

以秦巴山脉地区负荷预测为例，负荷预测误差的大小直接影响电网运行的安全性及可靠性，较大的预测误差会给电网运行带来较高的风险。现阶段针对秦巴山脉地区的负荷预测主要是通过负荷历史数据，利用相似日或者其他算法预测负荷的大小，短期预测精度较高，但中长期精度较差。但是，秦巴山脉地区的区域具有一定的相似度，随着电网采集数据范围的增加，利用大数据技术可以将气象信息、用户作息规律、宏观经济指标等不同种类的数据，通过抽象的量化指标表征与负荷之间的关系，实现对负荷变化趋势更为精确的感知，提高预测精度。如果前期秦巴山脉地区新能源预测误差较大，可在新能源设施周边建立配套的常规能源作为备用，以弥补新能源预测精度方面的不足。

大数据促进"源、网、荷、储"协同调度：在秦巴山脉地区若要达到"源、网、荷、储"协调优化调度需要大量的辅助信息，如新能源出力波动大小、电网线路输送能力、负荷削减电量的范围、实时电价等，其中每个因素又受很多条件的影响，因此是一个非常复杂的电力交易过程，此时必须利用大数据技术发掘数据内部之间的联系，从而制订出最佳调度方案。智能电网和传统电网最大的区别在于"源、网、荷、储"之间信息流动的双向性，它们之间的信息在一个框架内可以顺畅地进行交互，极大地提升电网运行的经济性、可靠性。

（二）装配式建筑技术

装配式建筑体现了传统生产方式向现代工业化生产方式的转变，在建造方式上有着重大的变革，是推进供给侧结构性改革和新型城镇化发展的重要举措。装配式建筑使用配套的一体化集成技术将建筑部品构件在建设现场进行装配，建筑全过程通过标准化设计、工厂化生产、装配化施工、信息化管理和智能化应用的方式，形成完整的一体化产业链。

目前，秦巴山脉地区大部分乡村仍在沿袭世代相传的传统建造工艺与技术，其结构安全和物理性能还存在缺陷且一直饱受诟病。随着农村劳动力的流失、老龄化以及人工成本的直线上升，手工建造技艺的传承与应用将变得举步维艰。因此，针对秦巴山脉地区开展装配式建筑建造，将为秦巴山脉地区老百姓提供更好、更安全的住房环境与生活质量。

秦巴建筑建造与城市建造有很大的不同，具有以中低层为主和高密度这两大主要特征，应针对秦巴山脉地区地理特征、环境因素等条件因时、因地制宜建设。相较于传统建造模式带来的能耗、污染和资源浪费，装配式建筑在节能、环保、资源合理利用等方面体现出了极大的优势，符合我国绿色发展的理念。

（三）秦巴山脉地区电子商务技术

秦巴电子商务支撑环境的建设基于秦巴区域性物流公共信息中心和公共信息服务平台。积极发展秦巴特色农村电子商务，在有条件的地区开展电子商务进农村综合示范，支持新型农业经营主体和农产品、农资批发市场对接电商平台，积极发展以销定产模式。完善农村电子商务配送及综合服务网络，着力解决农副产品标准化、物流标准化、冷链仓储建设等关键问题，发展农产品个性化定制服务。开展生鲜农产品和农业生产资料电子商务试点，促进秦巴山脉地区特色优势农业大宗商品电子商务发展。

二、智慧城乡联动发展

依据秦巴山脉地区城乡规划，依托秦巴智能基础设施战略，构建覆盖村镇、旅游景区、周边交通、公共场所的秦巴智慧村镇智能信息化网络体系。结合秦巴"大数据"实施，以居民生产、生活需求为核心，采用信息化手段提升村镇管理水平，构建村镇管理、应急响应和公共服务平台。加强信息技术在村镇公共服务和社会管理创新方面的应用，在教育、医疗、政府服务、公共安全、智能交通、公共设施六大领域，加快服务方式的转变和服务质量的提高，提高秦巴的信息化应用水平。

以农业现代化为秦巴农业的主攻方向，提高农业生产智能化、经营网络化水平，帮助广大秦巴农民增加收入；发挥互联网优势，实施"互联网＋交通""互联网＋教育""互联网＋医疗"等，促进基本公共服务均等化；发挥互联网在助推地区经济发展中的作用，让更多困难群众用上互联网，让秦巴农产品通过互联网走出乡村。

（一）推进"互联网＋交通"

基于秦巴区域地势复杂、区域连通性较差这一特点，充分利用互联网及时性、有效性等优势，推动"互联网＋交通"可显著提高交通运输资源利用效率和精细化管理水平，全面提升秦巴交通运输服务品质，增强秦巴交通运输科学治理能力。

提升秦巴交通运输服务品质。建立秦巴区域内不同行政区划的交通运输主管部门沟通协作机制，将交通运输数据资源向社会开放，鼓励互联网平台为社会公众提供实时交通运行状态查询、出行路线规划、线上购票、旅游景点智能停车等服务，推进基于互联网平台的多种出行方式信息服务对接和一站式服务。

增强秦巴交通运输科学治理能力。强化不同区域交通运输信息共享，利用秦巴基础大数据平台挖掘分析人口迁徙规律、公众出行需求、枢纽客流规模、车辆船舶行驶特征等，为优化交通运输设施规划与建设、安全运行控制、交通运输管理决策提供支撑。利用互联网加强对交通运输违章违规行为的智能化监管，不断提高交通运输治理能力。

（二）推动"互联网＋教育"

"互联网＋教育"不是在线教育，而是一种变革的思路，是要以互联网为基础设施的创新方式，创新教育的组织模式、服务模式、教学模式等，进而构建数字时代的新型教育生态体系。

以互联网为支撑，实施秦巴山脉地区智能信息基础设施等网络升级改造工程，积极开展网络课堂，加快推进中小学、职业院校的网络基础设施建设，构建低成本、高效率的秦巴"互联网＋"教育体系，为秦巴人才培养和教育提供支撑。互联网课堂建设探索运用三维、模拟等先进信息技术手段，创设与秦巴职业教育专业课程配套的虚拟仿真实训情境，鼓励教师探索互联网环境下的实习、实训教学模式，引导学生依托信息技术实现主动学习、个性学习、合作学习。

（三）推动"互联网＋医疗"

依据大数据、云计算、物联网等新兴技术，进行基于物联网的医疗数据收集、数据分析、分享。秦巴医疗智能化建设包括临床业务智能化、管理决策智能化、患者服务智能化、资源管理智能化、医院物流智能化、医疗楼宇智能化等。

基于"互联网＋"平台的智慧秦巴医疗技术，可以实现覆盖范围内的患者和医疗服务机构之间电子健康档案信息的共享，利用通信和物联网的手段实现医疗机构之间的双向转诊、委托/受托检验、医学影像检查、图像报告传递，实现个人医疗卫生保健服务的跟踪。

在"互联网＋"的智慧医疗的体系下，在发生突发事件时，利用物联网和云计算等技术手段及科学的处理危机方法与现代管理手段，充分发挥对突发事件中的相关数据采集、危机判定、决策分析、命令部署、实时沟通、联合指挥和现场救援等功能，在最短的时间内，对危机事件做出快速的反应，采取合适的措施预案，有效调动各种资源，科学地开展控制和医疗救治工作。

第六章

秦巴山脉移民生活质量提升战略研究

第一节　秦巴山脉地区移民搬迁工程特征

一、移民工程的主要类型

秦巴山脉地区开展的大型移民工程主要包括因大型水利工程建设需要而进行的工程移民、因生态保护需要以生态恢复重建为主导的生态移民、对秦巴山脉地区内自然灾害频发的区域，以消除重大自然灾害为主导的避灾移民及以提高居民生计为主导的扶贫移民四种类型构成。

二、移民搬迁的安置方式

秦巴山脉地区的移民搬迁安置方式普遍都以下山上楼、统规统建，居住形式由分散转为集中，对原有自然村进行撤并转入以社区管理为主的形式，家庭居住、就业与生活方式向市民化靠拢。具体类型可以划分为就地安置、就近安置、易地搬迁安置三种方式。

三、移民工程建设类型

秦巴山脉地区的集中安置小区根据建设选址、用地规模、住房类型和配套设施可大致分为农村集中安置点、城镇集中安置点以及城镇近郊集中安置点三种类型。三类安置社区的基本建设特征归纳如表6-1所示。

表 6-1　秦巴山脉地区移民工程建设类型

建设类型	农村集中安置点	城镇集中安置点	城镇近郊集中安置点
建设规模	小型（50～100户）	中小型（100～500户）	大中型（500户以上）
安置方式	就近安置	易地安置	易地安置
城镇化程度	相对较低	教育、医疗、商业、交通等基础设施和服务已较为成熟	规划较为完善，基础设施和服务设施正在建设发展中

续表

建设类型	农村集中安置点	城镇集中安置点	城镇近郊集中安置点
住房类型	多层公寓式住宅楼 集中式联排住宅	多层公寓式住宅楼	多层公寓式住宅楼
社区配套	道路、水、电、通信等基础设施完善	道路、水、电、通信等基础设施完善。部分配建幼托、医务室和社区活动中心等小区内公共服务设施	符合城乡规划标准的综合性社区。道路、水、电、通信等基础设施完善，景观环境良好，有医疗、教育、文化、卫生等基本公共服务设施配套

第二节　研究对象选取

一、重点研究区域选取

陕南秦岭地区包括汉中、安康、商洛三个地级市，境内地形多变、地质条件复杂，地质灾害多发，部分居民的生产生活条件也因此受到严重影响，为解决"山地危居"给陕南地区发展带来的问题，陕西省政府从 2011 年起启动"陕南地区移民搬迁安置"，2011 年至 2020 年搬迁山区居民 240 万人。在秦巴山脉地区各个行政辖区的移民工程中，人口规模最大、覆盖面积最广、工程类型最为复杂，潜在的经济、文化、与社会影响较为深远，具有典型性和代表性。商洛位于陕南地区东部，距离省会城市西安 80 公里，区位条件优越，已建移民安置点涵盖了秦巴山脉地区集中安置建设的各种类型。综合以上因素，此次研究选取秦巴山脉地区陕南区域的商洛作为本次先导性田野调查的主要对象。

二、社区调查样本选取

为了对三类不同安置社区的居住环境和移民生活的基本状况有一个广泛的了解，通过前期考察，研究小组确定了商洛市域内的朱家湾新村（图 6-1）、育才花园社区（图 6-2）、柴湾社区（图 6-3）三个典型移民点作为焦点小组研究的样本。三个社区的建成环境，无论是安置规模、建设工程量和周边社区的城市化程度都有较大差别。同时，三个社区的住户均为秦巴山脉地区的移民，家庭的原有经济基础和人口组成结构都十分类似。选取这三个典型社区做比较研究，有助于剥离其他的影响因素来讨论居住环境对移民后生活状态的影响。三个社区的基本情况见表 6-2。

图 6-1　朱家湾新村

图 6-2　育才花园社区

图 6-3　柴湾社区

表 6-2　典型移民安置社区基本情况

社区名称	朱家湾新村	育才花园社区	柴湾社区
安置地点	商洛市营盘镇牛背梁景区	商洛市柞水县下梁镇	商洛市商州区沙河子镇新区
社区建设类型	集中式新农村社区	城镇居住小区	综合性新城区新建小区
建成时间	2011 年	2015 年	分三期建设,一期竣工 2013 年
规划规模	50 户	234 户	1340 户
社区建成规模	50 户	234 户	750 户
安置类型	就近安置	易地安置	易地安置
社区配套建设	道路、水、电、通信等基础设施完善; 配套有小型活动场地和文体设施	道路、水、电、通信等基础设施完善; 配套有社区服务中心	道路、水、电、通信等基础设施完善; 配套有社区服务中心、卫生站、安保设施、景观绿化、公厕; 室外活动场地与文体设施; 机动与非机动车停车场
步行范围内的社区环境与市政设施	公共交通 小学 菜市场、便利店 旅游景区	公共交通 小学、初中、高中 医疗、卫生 商业、餐饮娱乐、政府服务部门	公共交通 幼托、小学、初中 医疗、卫生 商业、餐饮、政府服务部门 工业园区
城市化程度	低	较高	发展建设中
住房类型	联排住宅	多层公寓式住宅楼	多层公寓式住宅楼
移民后家庭主要生计来源	农家乐、民宿经营 旅游景区就业 种植及农产品加工 外出务工	外出务工 本地就业 种植及农产品加工	产业园区就近就业 外出务工 种植及农产品加工

第三节　典型区域调研方法

　　课题的调查研究共分为三个阶段,第一阶段为覆盖商洛地区的普遍性调查,目的在于了解商洛地区集中移民点的建设现状、基本类型和特征。第二阶段为典型社区焦点小组访谈的定性研究,第三阶段为小规模样板的定量研究,社会调查的方法能够综合地了解现状，了解第一手的基本资料，同时有利于提高居民参与意识，自下而上地自发解决问题。

一、普遍调查——部门访谈

田野调查的前期，调研小组走访了商洛辖区内的各城乡部门收集材料，并与商洛市政府的移民、规划等相关部门的专家和负责人座谈讨论，对移民工程相关的政策法规、工程进展和面临的问题与挑战有了进一步的了解。目的在于初步描绘移民社区生活质量的现状，并初步分析人居环境变化与人口生活质量和健康之间的关系。初步总结移民安置工程的类型与特征。

二、定性研究——焦点小组访谈

第二阶段研究小组在三种移民点类型中分别选取了一个典型案例作为研究对象，以焦点小组讨论为主要方法完成数据收集。通过 NVivo 分析软件对数据编码进行整理和分析，总结移民群体对搬迁前后生活质量的总体评价；分析移民群体对人居环境和生活质量的主观评价逻辑，梳理各个因素的主次关系和内在联系；总结谈话过程中涌现出的焦点问题。目的在于分别考察三类集中移民点居民的生活与健康状态，并结合社区的环境特征做比较研究，初步讨论不同居住环境对居民生活质量的影响。以本次定性研究成果为基础，设计第三阶段定量研究所使用的调查问卷。

三、定量研究——问卷调查

基于定性分析的成果，鉴于新城大型封闭社区的建设是移民工程倡导的主要形式，工程量大、效益影响最为深远，研究选取沙河子镇柴湾大型安置社区作为典型样板，通过配额抽样的方法开展了小样本（$n=100$）的一对一问卷调查研究。研究的主要目的是深入社区对居民生活状态做实证性考察，用以建构评价移民区人居环境质量的理论和测度体系，并为后续研究提出假说。

第四节　典型移民社区调研结论

一、不同类型社区居住现状特征

从调查分析可以看出三类社区的搬迁居民家庭住房情况在搬迁后都得到了很大的改善，移民群体普遍对新的居住形式适应良好，住房的安全性也得到了很大提升，对居住房屋的内部空间满意度较高。然而受区位优势等多方面因素的影响，三类社区居民的生活状态存在显著差异（表 6-3）。

表 6-3　典型移民社区生活现状特征对比

	调查内容	农村集中安置点（朱家湾新村）	城镇集中安置点（育才花园社区）	城镇近郊集中安置点（柴湾社区）
家庭状况	本地就业程度	高	较高	较低，年龄歧视较显著
	移民回流意愿	低	较高，以老年为主	较高，以老年为主
	二次移民意愿	不显著	较低	较高，以男性青壮年为主
	家庭常住人口	多三代同堂	较少，以就学儿童为家庭主要核心	较少，以就学儿童为家庭主要核心
	社会资源拓展	非亲缘关系的拓展较小	拓展较大非亲缘关系的拓展受社区限制较小	有所拓展非亲缘关系的拓展受社区限制较大，同质性较高
社区状况	人口稳定性	高	较高	较低
	住房空置率	低	较低	较高
	社区内邻里交往	密切融洽	密切融洽	密切融洽
	与周边社区的交往	空间距离较远，交往受限	交往频繁，矛盾较少	交往较少、矛盾较突出
	社区管理参与度	有所参与	参与度较低被动心理和依赖心理较强	有所参与被动心理和依赖心理较强

二、典型安置社区人口结构特征

由于本次调查采取配额抽样方式，抽样方案不反映社区内人口的分布情况，而是以均衡覆盖各个年龄段和性别为目的。然而招募结果中实际的年龄和性别分布呈现了较大偏差，这个偏差在一定程度上也反映了社区常住人口的分布趋势（图6-4）。从问卷调查的统计分析看，因生计需求青年人外出务工现象普遍，安置区常住人口中男性青年比例较低，安置家庭中常住人口较少，90%的受访者有配偶，而其中 76%的受访者没有和配偶共同居住，72%的受访者家庭中有学龄儿童共同居住。只有 24%的受访者表示家庭完整，没有直系亲属（父母、配偶和未成年子女）在异地居住，反映出移民搬迁居住人口以未成年子女接受更好的教育为目的的特征。

三、安置区就业机会与生活质量满意度关系

在这三类社区中，中青年人外出务工的现象柴湾社区最多，育才花园社区次之，而朱家湾新村最少。朱家湾新村因靠近自然风景区，旅游业发展较好，当地居民安置后多从事农家乐或相关工作，人口结构最为稳定。相较柴湾社区而言，育才花园社区移民中的男性中青年外出务工现象相对减少。从谈话内容中分析看

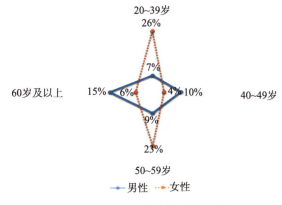

图 6-4　受访者样本性别分布图

出由于地处城镇中心，产业类型较为全面，社区中相当比例的移民家庭中的中青年都可以在安置地附近就业。柴湾社区周边虽然有沙河子工业园区，但与搬迁居民的技能不配，不能得到较好的就业机会。此外大部分已搬迁家庭依然保留山区中的住房和农业用地。移民搬迁家庭中的老年夫妻，或老年夫妻中的一人回迁至原居住地从事农业生产的回流现象相当普遍。这些现象都与新城镇安置社区的居住就业环境与移民人口的就业条件不匹配有很大关联。

四、安置区配套设施与生活质量满意度关系

从访谈中可以看出交通便利、就医保障、公共服务设施的提升是移民搬迁的主要动力之一。这三类社区相比较，城镇集中安置点（育才花园社区）的居民在这一点上受惠最大，满意度最高。城镇近郊集中安置点（柴湾社区）的基础设施尚在建设完善中，但是由于新城的规划发展模式相对较为独立，在居住生活层面与中心城市的联系薄弱，而零售、餐饮、文化娱乐等功能的缺乏使得其短期内宜居性受到很大影响。三个社区的居民普遍表示在搬迁至安置社区后，劳作之余的自由可支配时间大大增加，但是个人和家庭的休闲娱乐生活内容相对贫乏。从需求上看中老年人对以散步、聊天和集体健身为主的活动兴趣较大。而中青年人对于社区和周边地区缺乏相应的休闲场所、生活乏味更为不满。

五、人口文化程度与生活质量满意度关系

在对受访者的教育水平统计中，有将近 1/3 的受访者学历为小学及以下，高中以上文化程度的样本只占 1/4。约有 3/4 的社区常住居民的教育程度不能匹配新城区的工业发展规划，在安置区本地的劳动力市场上缺乏竞争力。另一个值得关注的现象是手机、电子设备和互联网在休闲生活中的比重，随着受访者年龄的增长下降十分迅速。调查样本中只有 20～39 岁的青年人使用数字设备和互联网的频

率较高；40～49 岁的中年人下降至每周一次左右；50～59 岁的老年人的使用频率
显著下降至每月一次左右；而 60 岁及以上老年人几乎不使用数字设备。对比现阶
段中国城镇家庭的普遍状况，以柴湾社区为例的新城镇安置家庭中数字文化的覆
盖程度明显滞后。文化程度不高造成的就业困难和文化娱乐活动匮乏，给安置社
区居民生活质量的提升带来阻力。

六、生活经济成本与生活质量满意度关系

在对这三类社区进行的焦点小组访谈中，较为突出的话题集中在与住房相关
的生活支出偏高。从调研中可以看出城镇集中安置点（育才花园社区）常住居民
中老年人的比例最少，老年人回迁至原居住地的原因多为城镇生活成本高，而老
年人就业困难，为了缓解家庭生计困难，普遍回乡务农以减少开支增加收入。在
问卷调查中 45% 的受访者认为与住房消费直接相关的费用（物业费、购房贷款等）
过高，66% 的受访者认为居住生活中产生的能源费用（水、电、燃气等）过高，
这个数据也印证了焦点小组的研究结论。

第五节　提升优化措施

一、引导空间集聚，产城融合优化发展

安置区的建设不仅仅是为了给搬迁居民提供居住的物质空间，更重要的是要
为他们提供一个良好的生活环境和交往空间，保障他们能享受公平的、较好的生
活和居住条件，由于交通、公共服务设施、社会资本和就业机会在空间上的分布
是非均质的，因此在安置区的规划选址过程中，应充分考虑山区搬迁居民这一特
殊群体的需求，尽可能为他们的再就业提供有利条件，帮助其顺利融入城市，实
现农民向市民的转型。安置区的规划选址应尽量靠近城区及产业园区，而在以大
型公共服务设施或以服务行业为主的单位周边选址，也可以为那些缺乏职业技能
的农民提供更多可选择的就业机会。完善安置区周边就业、交通和公共服务设施
的可达性，为农民出行、再就业提供便捷条件和有利的环境。

二、加大产业扶持，促进搬迁居民本地就业

经济环境系统是影响秦巴山脉地区移民人居环境质量的主导因素，而且它也
直接关系到城市人居环境质量的改善程度。只有加大产业扶持，提高整体经济技
术水平，做到有业安置，才能确保搬迁群众"搬得出、稳得住、能致富"。扶持
秦巴山脉地区内适宜发展的产业，优化产业结构，促进农林产业、文化产业、旅
游休闲产业等符合秦巴山脉地区资源及劳动力需求的产业。鼓励企业放宽招工的

年龄和学历要求，增加企业的优惠就业岗位和公益性岗位，吸纳失地农民，政府制定措施将服务性岗位优先提供给失地农民，在调研中也了解到，安置区内的物业管理、绿化维护、保洁、保安的岗位安排的都是搬迁居民，政府通过制定政策降低就业门槛、扩大社会就业容量，是提高失地农民就业率的有效手段。

三、推广职业教育培训，提高搬迁居民就业技能

受教育水平、职业技能等原因的影响，大部分失地农民自谋职业的能力非常有限，导致就业渠道匮乏，生计能力孱弱，家庭经济贫困，进而导致移民搬迁后中老年劳动力返乡回迁现象的出现。因此，移民安置地区的教育水平提升对于移民家庭来说意义重大，也是解决山区经济发展落后、巩固脱贫攻坚成效的重要支撑。针对当前山区劳动力职业技能匮乏的现状问题，推广山区职业教育、均衡基础教育资源，提升山区人口素质。大力发展中等、高等职业技术教育，培育与秦巴山脉地区绿色农林、旅游服务、新型工业、信息物流、电子商务等不同行业紧密相关的职业技术工人，培育有技能、能就业、能进城的新市民，引导搬迁居民本地就业。

四、完善服务设施配套，提升安置区生活环境

切实考虑移民安置区居民对公共服务设施配套的需求情况，构建便捷的15分钟生活圈，完善如初中、小学、幼儿园、托管中心等教育设施，文化活动中心等文化设施，卫生服务中心等医疗设施，日间照料中心、康体设施等养老设施，运动场、健身点等体育设施，菜场、超市等生活购物设施，派出所、消防站等安全设施，信息设施等公共服务设施支撑。在此基础上，整合区域资源，推进秦巴山脉地区医疗、教育、文化等重大公共服务设施的共建共享，构建结构清晰、配套均等、服务高效的公共服务设施体系。从柴湾社区的调查来看，相类似的近郊新区安置社区市场化的娱乐文化活动在短期内依然发展受限，应加强政府和社区为主导的文化娱乐活动及文化设施投入，推进社区文化活动室标准化建设。

五、提高社区智能化水平，降低安置居民生活成本

秦巴山脉地区移民安置工程应考虑安置后新的居住生活方式对搬迁居民产生的经济负担，规划建设应按照适用、经济、安全、绿色的要求，打造低成本、施工难度低、多能互补的智慧设施及能源供应设施体系，切实提高秦巴山脉地区群众的生活质量。提高装配式建筑在新建建筑中的比例，节约资源能源、减少施工污染。加大对低价能源太阳能、天然气等在社区和住房中的使用，减少能源支出压力。在社区环境设计时充分考虑后续的管理成本，提升公共基础设施的智能化水平，以减少居民的物业管理支出，提高移民家庭生活质量。

参 考 文 献

陈楠，陈可石，李欣珏. 2015. 基于田园城市理论的中小城市发展模式探析——以台湾宜兰县规划与实践经验为例[J]. 城市规划，39(12)：33-39.

陈雯，孙伟，赵海霞. 2010. 区域发展的空间失衡模式与状态评估——以江苏省为例[J]. 地理学报，65(10)：1209-1217.

陈贻安. 2016. 关于社会发展与生态规律的思考[J]. 北京交通管理干部学院学报，16(2)：3-9.

陈逸，黄贤金，陈志刚，等. 2012. 中国各省域建设用地开发空间均衡度评价研究[J]. 地理科学，32(12)：1424-1429.

陈媛. 2017. 基于 GM(1,1)模型的区域社会经济与生态环境协调发展评价——以中山市为例[J]. 环境与发展，29(3)：258-260.

程春明，李蔚，宋旭. 2015. 生态环境大数据建设的思考[J]. 中国环境管理，7(6)：9-13.

程会强. 2018. 发展生态智慧农业的思考[J]. 高科技与产业化，(5)：36-39.

程钰，王亚平，张玉泽，等. 2017. 黄河三角洲地区人地关系演变趋势及其影响因素[J]. 经济地理，37(2)：83-89，97.

崔翀，杨敏行. 2017. 韧性城市视角下的流域治理策略研究[J]. 规划师，33(8)：31-37.

笪可宁，赵云龙，李向辉，等. 2004. 基于压力–状态–响应概念框架的小城镇可持续发展指标体系研究[J]. 生态经济，(12)：38-40.

党晶晶，姚顺波，黄华. 2013. 县域生态–经济–社会系统协调发展实证研究——以陕西省志丹县为例[J]. 资源科学，35(10)：1984-1990.

段春利. 2021. 我国智慧交通发展现状及应用技术研究[J]. 智能建筑与智慧城市，(11)：160-161.

盖美，聂晨，柯丽娜. 2018. 环渤海地区经济–资源–环境系统承载力及协调发展[J]. 经济地理，38(7)：163-172.

郭乾，吴左宾，徐滢. 2019. 秦巴山区移民安置社区人居生活质量提升策略——基于商洛典型移民社区调查分析[C]//中国城市规划学会，重庆市人民政府. 活力城乡 美好人居——2019 中国城市规划年会论文集（17 山地城乡规划）. 北京：中国建筑工业出版社.

郭晓东，马利邦，张启媛. 2012. 基于 GIS 的秦安县乡村聚落空间演变特征及其驱动机制研究[J]. 经济地理，32(7)：56-62.

贺涛，栾震宇，管伟. 2018. 流域生态系统管理视角下的水源地保护攻坚战略探讨[J]. 环境保护，46(13)：12-17.

贺祥，熊康宁，林振山，等.2015.贵州岩溶石漠化山区人地关系协调发展演进研究[J].湖北农业科学，54(15)：3825-3831.

胡建树，李福生，孙福帅，等.2021.装配式建筑设计标准体系的构建与应用研究[J].中国标准化，597(24)：152-154.

黄芳，季国忠，秦辉，等.2021.互联网医院的发展现状[J].现代医院，21(10)：1477-1480.

黄凌翔，郝建民，卢静.2016.农村土地规模化经营的模式、困境与路径[J].地域研究与开发，35(5)：138-142.

蒋浩.2018.我国发展军民融合产业的实践及思考[J].宏观经济管理，(5)：68-72.

蒋葵，叶雷.2020."互联网+"时代下远程教育的教学模式研究[J].科技经济导刊，707(9)：122-123，79.

敬博，李同昇，祁航，等.2020.基于供需匹配模型的秦巴山区人地关系均衡状态及空间管控研究[J].长江流域资源与环境，29(3)：654-667.

敬博，李同昇，温伯清，等.2020.基于地形因素的秦巴山区人口–经济空间格局及其影响机制研究[J].地理科学，40(5)：793-803.

康艺馨.2017."存量规划"视角下的"绿色城市"建设模式研究[J].广东土地科学，16(3)：11-18.

雷会霞，敬博.2016.秦巴山脉国家中央公园战略发展研究[J].中国工程科学，18(5)：39-45.

雷会霞，敬博，朱依平.2020.自然保护地体系下的秦巴山脉区域乡村振兴发展战略与模式研究[J].中国工程科学，22(1)：96-110.

黎祖交.2018.关于绿色发展与生态系统保护和修复的几个观点[J].林业经济，40(9)：3-5.

李斌.2013.绿色发展中的政府角色定位探究[J].经济论坛，(6)：143-145.

李伯华，曾菊新.2008.农户居住空间行为演变的微观机制研究——以武汉市新洲区为例[J].地域研究与开发，123(5)：30-35.

李国庆.2018.日本的地方环境振兴：地方循环共生圈的理念与实践[J].日本学刊，(5)：142-158.

李明，汪峰，田超.2016.欧洲生态城市发展的成功经验及其对中国的借鉴意义[J].特区经济，328(5)：48-50.

李茜，胡昊，李名升，等.2015.中国生态文明综合评价及环境、经济与社会协调发展研究[J].资源科学，37(7)：1444-1454.

李琼，周宇，张蓝澜，等.2018.中国城镇职工基本养老保险基金区域差异及影响机理[J].地理学报，73(12)：2409-2422.

李仕蓉，张军以.2012.贵州喀斯特山区农村庭院循环经济发展模式研究[J].农业现代化研究，33(6)：692-695.

李迅，董珂，谭静，等.2018.绿色城市理论与实践探索[J].城市发展研究，25(7)：7-17.

连素兰，何东进，纪志荣，等.2016.低碳经济视角下福建省林业产业结构与林业经济协同发展研究——基于耦合协调度模型[J].林业经济，38(11)：49-54，71.

刘健枭，文超祥. 2017. 基于小流域单元的山地小城镇规划策略探讨——以福建省安溪县感
　　德镇为例[J]. 城市建筑，257(24)：34-38.

刘丽君，王思思，张质明，等. 2017. 多尺度城市绿色雨水基础设施的规划实现途径探析[J].
　　风景园林，138(1)：123-128.

刘雪婷. 2020.乡村振兴战略背景下生态农业发展模式构建对策[J]. 乡村科技，11(30)：25-26.

刘耀彬，李仁东，宋学锋. 2005. 中国区域城市化与生态环境耦合的关联分析[J]. 地理学报，
　　(2)：237-247.

芦天罡，孙伯川，张晓灵，等.2016.浅析发展生态智慧农业的实现路径[J]. 中国农业信息，
　　193(20)：18.

鲁西奇. 2000. 区域历史地理研究：对象与方法——汉水流域的个案考察[M]. 南京：广西
　　人民出版社：523-524.

陆玉麒，董平. 2005.流域核心-边缘结构模式探讨——以赣江流域为例[J]. 长江流域资源与
　　环境，(1)：19-23.

齐建国. 2013. 循环经济与绿色发展——人类呼唤提升生命力的第四次技术革命[J]. 经济
　　纵横，326(l)：43-53.

陕大海. 2016. 宜昌智慧城市建设问题研究[J]. 三峡论坛（三峡文学·理论版），(1)：39-44.

沈瑶.2010.日本怎样建设生态城市[J]. 今日国土，(10)：34-36.

盛彦文，马延吉. 2017. 循环农业生态产业链构建研究进展与展望[J]. 环境科学与技术，
　　40(1)：75-84.

〔美〕施坚雅. 1998. 中国农村的市场和社会结构[M]. 史建云，徐秀丽，译. 北京：中国
　　社会科学出版社.

石华灵.2018. 我国农业3.0模式的全产业链分析、问题与对策研究[J]. 农村金融研究，(3)：
　　62-66.

石敏俊，刘艳艳. 2013. 城市绿色发展：国际比较与问题透视[J]. 城市发展研究，20(5)：
　　140-145.

史俊宏. 2010. 基于PSR模型的生态移民安置区可持续发展指标体系构建及评估方法研究[J].
　　西北人口，31(4)：31-35.

苏波. 2012. 转变发展方式 走新型工业化道路[J]. 求是，581(16)：26-28.

谭江涛，章仁俊，王群.2010.奥斯特罗姆的社会生态系统可持续发展总体分析框架述评[J].
　　科技进步与对策，27(22)：42-47.

谭术魁，刘琦，李雅楠. 2017. 中国土地利用空间均衡度时空特征分析[J]. 中国土地科学，
　　31(11)：40-46.

谭忠富，谭清坤，赵蕊. 2017. 多能互补系统关键技术综述[J]. 分布式能源，2(5)：1-10.

唐承丽，贺艳华，周国华，等. 2014. 基于生活质量导向的乡村聚落空间优化研究[J]. 地理
　　学报，69(10)：1459-1472.

唐芳林. 2018. 中国特色国家公园体制建设思考[J]. 林业建设，(5)：86-96.

田文洁. 2016. 以流域治理为线索的城镇规划探索——以朝阳市凌河流域城镇规划为例[J]. 小城镇建设，326(8)：47-53.

童佩珊，施生旭. 2018. 厦漳泉城市群生态环境与经济发展耦合协调评价——基于 PSR-GCQ 模型[J]. 林业经济，40(4)：90-95，104.

汪一鸣. 2013. 美国田纳西河流域地区综合开发与城镇化[J]. 世界地理研究，22(3)：49-56.

王红，汤洁，王筠. 2007. 玉米深加工产业的循环经济模式研究[J]. 地理科学，(5)：661-665.

王平，朱帮助. 2011. 基于熵权 TOPSIS 的企业自主创新项目投资方案评价[J]. 生产力研究，228(7)：173-175.

王少剑，方创琳，王洋. 2015. 京津冀地区城市化与生态环境交互耦合关系定量测度[J]. 生态学报，35(7)：2244-2254.

王勇，李广斌. 2011.苏南乡村聚落功能三次转型及其空间形态重构——以苏州为例[J]. 城市规划，35(7)：54-60.

翁伯琦，黄秀声，林代炎，等. 2013. 现代循环农业园区构建与关键技术研究——以福建省福清星源公司与渔溪农场为例[J]. 福建农业学报，28(11)：1123-1131.

吴江国，张小林，冀亚哲. 2014. 不同尺度乡村聚落景观的空间集聚性分形特征及影响因素分析[J]. 人文地理，135(1)：99-107.

吴左宾，程功，王丁冉，等. 2020. 秦巴山脉区域城乡空间流域化发展策略[J]. 中国工程科学，22(1)：56-63.

吴左宾，敬博，郭乾，等. 2016. 秦巴山脉绿色城乡人居环境发展研究[J]. 中国工程科学，18(5)：60-67.

吴左宾，李虹. 2020. 基于土地利用实施转移的陕南河谷城市空间布局研究——以山阳县城区为例[J]. 规划师，36(18)：12-21.

席建超，王新歌，孔钦钦，等. 2014. 旅游地乡村聚落演变与土地利用模式——野三坡旅游区三个旅游村落案例研究[J]. 地理学报，69(4)：531-540.

肖冰，陈丽娟. 2018. 我国智慧农业的发展态势、挑战及对策研究[J]. 农村金融研究，(8)：56-59.

熊建新，陈端吕，彭保发，等. 2014. 洞庭湖区生态承载力系统耦合协调度时空分异[J]. 地理科学，34(9)：1108-1116.

徐德龙，李辉，周媛，等. 2016. 生态环境约束下秦巴山脉区域工业绿色发展策略[J]. 中国工程科学，18(5)：68-73.

徐德龙，刘旭，周庆华. 2020. 秦巴山脉绿色循环发展战略研究（二期）[J]. 中国工程科学，22(1)：1-8.

徐德龙，潘云鹤，李伟，等. 2016. 秦巴山脉绿色循环发展战略[J].中国工程科学，18(5)：1-9.

许自力. 2010. 流域城乡水系景观问题及规划设想[J]. 中国园林，26(2)：13-18.

杨德伟，陈治谏，廖晓勇，等. 2006. 三峡库区小流域生态农业发展模式探讨——以杨家沟、戴家沟为例[J]. 山地学报，(3)：366-372.

余咪咪，朱轶韵，刘瑞强，等. 2016. 陕南移民新区发展困境及对策探讨——以安康为例[J]. 生产力研究，293(12)：82-86.

虞春隆，党纤纤. 2017. 流域视角下的黄土高原人居环境可持续性区划方法研究——以泾河流域为例[J]. 建筑学报，16(S1)：143-147.

禹文豪，艾廷华. 2015. 核密度估计法支持下的网络空间POI点可视化分析[J]. 测绘学报，44(1)：82-89

张根周. 2016. 大数据在智能电网领域的应用[J]. 电网与清洁能源，32(6)：114-117.

张化楠，葛颜祥，接玉梅. 2017. 主体功能区的流域生态补偿机制研究[J]. 现代经济探讨，424(4)：83-87.

张洁，李同昇，周杜辉. 2011. 流域人地关系地域系统研究进展[J]. 干旱区地理，34(2)：364-376.

张侃侃. 2016. 国内流域城镇发展与演变研究进展[J]. 经济师，328(6)：12-13，15.

张少尧，时振钦，宋雪茜. 2018. 城市流动人口居住自选择中的空间权衡分析——以成都市为例[J]. 地理研究，37(12)：2554-2566.

张玉泽，张俊玲，程钰. 等. 2016. 供需驱动视角下区域空间均衡内涵界定与状态评估——以山东省为例[J]. 软科学，30(12)：54-58.

张中华，张沛. 2015. 西部欠发达山区绿色产业经济发展模式及有效路径[J]. 社会科学家，222(10)：66-70.

赵晨. 1997. 城市发展的空间竞争机制[J]. 新建筑，(1)：1-3.

赵珂，夏清清. 2015. 以小流域为单元的城市水空间体系生态规划方法——以州河小流域内的达州市经开区为例[J]. 中国园林，31(1)：41-45.

赵万民，赵炜. 2005. 山地流域人居环境建设的景观生态研究——以乌江流域为例[J]. 城市规划，(1)：64-67.

甄霖，杜秉贞，刘纪远，等. 2013. 国际经验对中国西部地区绿色发展的启示：政策及实践[J]. 中国人口·资源与环境，23（10）：8-16.

郑德凤，刘晓星，王燕燕，等. 2018. 基于三维生态足迹的中国自然资本利用时空演变及驱动力分析[J]. 地理科学进展，37(10)：1328-1339.

郑阔实. 2021. 智慧农业驱动农业现代化创新发展思考[J]. 合作经济与科技，653(6)：30-31.

周庆华，牛俊蝻. 2016. 秦巴山脉周边城市地区协同发展研究[J]. 中国工程科学，18(5)：10-16.

周庆华，牛俊蝻，申研. 2020. 秦巴山脉区域协同发展研究[J].中国工程科学，22(1)：18-24.

朱钊. 2018. 海绵城市规划空间尺度研究：流域水文尺度的视角[J]. 北京规划建设，181(4)：49-52.